사유하는
집사람의
논어 읽기

사유하는
집사람의

논어 읽기

이은선 지음

eine denkende Hausfrau/Hausmann

도서
출판 모시는사람들

I.

"극기복례(克己復禮) 구이성의(久而誠矣)." 이 말은 퇴계 선생이 자기 일생의 배움의 결정체를 손자에게 전해주기 위해 엮은 『잠명제훈(箴銘諸訓)』 첫머리에 나오는 말이다. 아침에 이 말을 읽으면서 여러 가지로 새겨 본다: '자기를 넘어서 예로 돌아가는 일을 오래하면 참된 사람이 될 것이다. 그 말이 진실하고 믿을 만한 사람이 될 것이다. 하늘이 그에게 품으신 뜻(言)을 이생에서 이루어내는 사람(成)이 될 것이다' 등 여러 가지를 생각한다.

여기서 우리가 많이 들어서 잘 알고 있는 '극기복례(克己復禮)'라는 언어가 새롭게 다가온다. 요사이 다시 읽은 니체 전기와 더불어서 든 생각, 서구 기독교 전통의 니체가 힘에의 의지를 추구했다면, 공자와 그와 더불어 영근 동아시아 유교 문명은 그 자아의 힘에 대한 의지를 넘어서 바로 다시 '예(禮)', 옆의 사람과 잘 지내는 일, 관계를 회복하는 일, 자신이 조건 지어진(conditioned) 존재라는 것을 받아들이는 일 등이라는 것이다. 다시 말하면 우주의 진실은 관계성

(relatedness)이고, 불이성(不二性)이며, 그래서 존재와 역(易)은 둘이 아니고, 그런 의미에서 적어도 이 세상의 삶은, 여기서 우리의 인생과 일생은 하나의 '내러티브(a narrative)'이고 '이야기(a story)'이지 어떤 고정된 동일성(identity)의 일이 아니라는 것이다.

이번에 묶는 책의 이야기는 지난 2015년 1월부터 2016년 7월까지 개신교 온라인저널 《에큐메니언》에 연재했던 글이다. 공자『논어』에 대한 성찰을 모은 것이다. 1장에서부터 시작해서 그 장에서 가장 의미 있게 여겨지는 표제문을 선택했고, 그로부터 다른 본문들을 선별적으로 골라서 당시 마주하던 개인적, 사회적 정황들과 연결하여서 나름대로 해석하고 성찰하였다. 그때는 개인적으로도 그렇고 사회적으로도 무거운 시간이었다. 아니 지금 다시 생각해 보니 더할 수 없는 어려운 시간이었지만 오히려 나의 인간적 감수성(仁)이 그만큼 따라오지 못했고, 그래서 지금 보니 많이 부끄럽다. 오래도록 병상에 누워 계시던 엄마(鄭愛, 1929-2015)가 돌아가셨고, 세월호가 일어난 후 1년이 되어 가면서도 박근혜 정부 아래서 정말 답답했던 왜곡과 거짓, 폭력의 고통으로 온 사회가 매우 어렵던 시기였다.

II.

이후 2018년 2월, 30년 동안 몸담았던 세종대 교육학과를 명예퇴

직했다. 그 사이 몇 번씩 조기 퇴직을 고려하기도 했지만 정작 시행한 것은 2018년 2월 회갑을 맞이하는 해였다. 그때 퇴직의 변을 몇 가지로 마련하기도 했는데, 지금 돌아보면 한 가지로 모아지는 것 같다. 즉 나 스스로가 좀 더 여유로운 삶을 살고 싶었고, 안과 밖이 모순되지 않는 사람이 될 수 있도록 조금 더 성찰의 시간을 가지고 싶었다. 나에게 있어서 여유롭고 인간다운 삶이란, 그리고 안팎이 조화된 삶이란 '집사람'으로 살면서도, 공부와 연구를 놓지 않고, 사적 인간으로서 여유를 가지면서도 우리 공적 삶의 일에 더욱 진정성 있게 관심하고, 배려하고, 그 삶의 질을 끌어올리는 일에 함께 참여하는 삶을 의미했기 때문이다. 그 일이 가능해지도록 이순(耳順)의 나이에 쉽지 않은 선택을 한 것이다. 만약 그렇게 하지 않는다면 나는 점점 더 외적 권위와 눈에 보이는 결과물에 집착할 것이고, 생각과 행위가 굳어져서 쉽게 절망하고 다툼을 계속하며, 새로운 도전과 변화에 대한 용기는 점점 잃고서 조그마한 일에도 금방 섭섭해하고, 화내고, 인색한 삶을 살면서 병과 죽음을 두려워하며 더욱더 자아에 집착하는 갇힌 사람이 될 것이 뻔했기 때문이다. 당시 나는 이 일을 '사유하는 집사람(eine denkende Hausfrau)'이 되는 일로 표현했고, 그 전부터 제자들과 함께해 오던 '보인회(輔仁會, 以文會友 以友輔仁)'의 일을 더욱 전개하는 일도 그 중의 하나로 보았다.

III.

    그런 의미로 이미 1년 반의 시간을 먼저 퇴직한 남편이 다듬고 있던 〈현장(顯藏)아카데미〉에 이어서 '한국 信연구소'를 구상했다. 여기서 '신(信)'이란 나의 사상적 성장에 결정적 영향을 주고 일찍 가신 선친 이신(李信, 1927-1981) 목사님의 삶과 학문을 이어받는다는 뜻도 있지만, 이번에는 그보다 훨씬 더 근원적이고 보편적인 의미로 파악하고자 했다. 즉 오늘 우리 삶의 가장 시급하고 긴요한 문제는 잃어버린 초월의 이름을 어느 것으로 짓느냐의 물음이 아니라 그보다 훨씬 더 기초적으로, 과연 사람들이 지금도 그 이름이 무엇이건 간에 그것을 택하고 싶어 하는 마음이 있는지, 도대체 그들이 어떻게 그러한 근거가 있다는 것을 알게 되고 믿을 수 있는지의 더욱더 근원적인 인식의 물음이라는 것이다. 다시 말하면 우리 시대의 문제는 더는 '신학(神學)'이 아니라 '신학(信學)'이 문제라는 것인데, 그런 의미에서 21세기의 신학(神學, theology)은 '신학(信學, fideology)'으로 거듭나서 우리 삶이 이곳 여기에서 눈에 보이는 것이 다가 아니라 그 이상의 초월 또는 근거가 있다는 것을 받아들이도록 하는 일이어야 한다는 의미이다. 믿을 수 있도록 하는 일, 받아들이도록 하는 일이 관건이라는 의미로서 '한국 信연구소(Institute of Korean Feminist Integral Studies for Faith)'를 구상했다.

이것은 또 다시 말하면 어떻게 우리 생명과 마음이 단순히 물질이 아니고 고정된 실체가 아니며, 동시에 영(靈)이고, 정신이고, 사고이며 관계인지를 밝히는 일과 관계된다. 그리고 그로부터 출발해서, 그렇다면 오늘 사람들이 그렇게 믿지 못하고, 인정하지 못하도록 하는 것은 무엇일까를 찾아내는 일과 연결된다. 이미 벌써 한 세기 전에 니체 등에 의해서 그때까지 좁은 종족적 신 이름의 틀에 갇혀 있던 기독교 신(神)의 죽음이 선포되었지만, 특히 한국 사회에서는 늦게 받아들인 기독교 신 이름이 우세하여 그 과도함의 오류가 곳곳에서 드러나고 있다. 여기서 한국 교회의 기독교 신앙은 점점 더 경직되고 돌처럼 굳어지는 모습을 보여서, 그렇다면 과연 믿는다는 것이 무엇인지, 기독교 신앙이 특히 믿음을 강조하는데, 그러한 기독교적 답이 모든 것일까 라는 의문이 생긴다. 오늘 인류 종교의 여러 초월 이름이 서로에게 더욱 잘 알려진 상황에서 그 초월을 어떤 이름으로 부르는가의 문제를 넘어서, 기독교 신앙도 포함해서 인간 삶이 도무지 가능해지고 지속을 위해서 핵심 관건이 되는 믿음과 신뢰의 문제를 보다 근본적인 시각에서(Integral Studies for Faith) 살펴보고 싶어졌다.

IV.

동아시아 유교 전통이 이러한 일에 있어서 적실한 가르침과 도움을 주는 것을 보았다. 왜냐하면 유교 가르침의 핵심은 인간과 여기 이 세상에 집중하면서도 그 안에 깊은 영적 가능성을 계속 지시하고 있기 때문이다. 다시 말하면 사람 사이의 진실한 관계와 신뢰를 세상 만물의 출발점으로 삼고서 그 출발점을 잘 기르고 다듬기 위해서 온 힘을 다하면서도, 항상 다시 그 너머의 점을 지시하는 것이다. 즉 예를 들어 인간 자체를 존재와 창조의 근본 힘(仁者人也/仁也者人也)으로 보고, 좀 더 서구식으로 말해 보면, 인간(人) 안에 신적 씨앗(仁)이 들어 있다는 것이고, 아니 더 직선적으로 표현해서 인간(人)이 신적 씨앗(仁)이라는 것이다. 그 신적 씨앗은 관계(relatedness)이고, 동적 힘(易)이고, '온 천지의 만물을 낳고 기르는 우주적 마음(天地生物之心)'이기 때문에, 그 관계와 힘에 대한 믿음을 끊임없이 강조하기 때문이다.

유교 세계관에서 쓰는 '믿음(信)'이라는 단어만 살펴보더라도 믿음이란 '인간(人)'과 '말(言)'이라는 단어가 합해져서 이루어진 것을 알 수 있다. 그에 대해서 여러 가지를 생각해 볼 수 있겠는데, 즉 믿음이라는 것이 처음으로 밝혀지고 체득되는 것은 인간 간의 '관계(말)'를 통해서이고, 특히 부모와 자식 간의 관계를 통해서 지금 여기서 눈(감각)에 드러나지 않는 것을 보고 받아들이는 능력을 기르는 것이라는 말이다. 인간의 언어라는 것은 바로 그 믿음의 행위가 쌓여서 이루어진 것이고, 아니 더 근본적으로는 존재는 '관계(언어/말)'이고, 그에 의해서 시작되었고, 그런 의미에서 존재의 창조자는 말이고, 사고와 생각, 상상과 믿음이라는 것이지만, 그러나 다시 그 언어와 말이 우리의 몸과 행위로, 사물과 사건의 창조로 현현되지 않고서는 '실재(reality)'가 되지 못한다는 의미 등이겠다. 그래서 유교 가르침은 자신의 또 다른 핵심 가르침을 '성(誠)'으로 들었고, 이 단어에도 (인간의) 언어(言)가 들어가면서 '말을 이루어내는 일(成)'이야말로 '하늘의 일(天之道)'과 '인간의 일(人之道)'이라고 본 것이다. 이렇게 유교 전통이 인간의 일과, 특히 그 언어와 말의 일을 바로 하늘의 일로 보았다는 점에서 신학(信學)과 신(信) 연구소가 유교와 대화하는 것은 자연스럽다 하겠다.

V.

올봄 중국 우한발 코로나 19 바이러스 사태로 온 세계가 요동을 쳤다. 한국은 특히 그 감염 경로에서 기독교의 한 변종인 신천지 신앙 집단과 연결된 것이 드러나면서 여러 가지 차원에서 더욱더 인간의 믿음과 신앙, 신뢰의 문제 등이 첨예하게 주목받았다. 사람들은 불안에 떠는 가운데 세속 정부의 공적 권위(말)에 따라서 대처했지만, 문제는 그 공적 권위의 돌봄이 우리 삶의 어디까지 다다를 수 있으며, 어느 때까지 그 일을 홀로 감당해 낼 수 있을까 하는 물음이 있다. 또한 이번 신종 바이러스의 출현이 마지막이 아니라 유사한 사태가 반복될 것이라고 하니 결국 사람이 자신 안에 자기 건강에 대한 믿음의 체계인 면역 체계를 스스로 잘 가꾸는 일이 가장 기본이 되어야 할 것이고, 그래서 하루속히 우리의 일상을 회복하는 것이 제일 긴요할 터이다. 이번 일도 결국 그 핵심에서 다시 '신뢰'와 '믿음'의 일이라는 것이 드러났다. 먼저는 이러한 위기 상황 속에서 믿음을 주는 국가 공동체의 '권위'의 실재에 대한 믿음일 것이고, 이와 더불어 이러한 위기 상황을 자기 편당의 이익(사적으로)을 위해서 오용하지 않을 것이라는 정당이나 언론, 검찰 등 공동체 힘적 기관의 '진실성'에 대한 믿음이며, 여기서 이번 한국의 경우는 특히 '신천지'라는 신종교 그룹과 여러 측면에서 관련된 것이 드러났으니 우리 사회에서 믿음과 신앙, 신뢰의 일이 어느 정도로 위중한지를 보여주었다.

이번 코로나바이러스가 인간 문명에 의한 야생동물의 남획과 식용 습관과 관계된 것이라고 한다. 그것은 눈에 보이는 자연과 동물을 단순한 사용물로 보아서 그들의 생명을 마음대로 처단한 것이므로 앞으로 그러한 인간 마음의 습속을 어떻게 넘어서는가 하는 일이 참으로 긴요하게 되었다. 이번 일을 국제적 관계의 차원에서 살펴보더라도 코로나바이러스가 중국발이라고 중국인의 입국을 봉쇄하고 중국과의 연결을 차단하라고 외치는 소리가 컸지만, 예를 들어 현재 세계 국제관계의 상황은 면역 약품의 생산을 포함한 세계 의약품 생산에서 심지어는 미국조차도 그 원료의 90% 이상을 중국에 의존하고 있다고 하므로, 단순히 중국 폐쇄를 외치는 정파들의 언어가 얼마나 허구인지를 생각해 볼 수 있다. 이번 기회를 통해서 우리 삶의 모든 면에서 과도하게 편중된 종속과 자신 존재의 지속성의 근거를 온전히 외부에 두는 일이 얼마나 위험하고 허구인지가 드러났고, 또한 인류 삶에서 각 지역과 국가가 함께 긴밀히 연결되어 있다는 것이 더욱 밝혀지면서 상황의 변화와 전환을 위해서 인류 공동체가 함께 대처해야 함을 더욱 인지하게 되었다.

VI.

오늘 코로나바이러스 사태까지 겹친 한국 사회에서 범사회적 불안과 불신, 갈등을 첨예화시키는 그룹 중에 특히 노인 세대가 많은 것이 눈에 띈다. 얼마 전까지 소란했던 광화문 전광훈 목사 부류의 기독교 개신교 세력이 주축을 이룬 태극기 부대가 한 예일 것인데, 나는 청와대 뒤 부암동에 살면서 경복궁이나 광화문역의 지하철을 이용하며 이분들과 자주 마주친다. 그러면서 드는 의구심과 민망함 그리고 안타까움은 왜 이렇게 오늘 우리 시대 노인 세대가 나이 듦에 따르는 존경을 받기는커녕 오히려 주변에 강한 역겨움을 풍기면서 배려심이라고는 하나 없는 막무가내식 행태로, 손에는 미국과 이스

라엘, 심지어는 일본 국기까지 들고서 언제라도 터질 듯한 분노와 회한의 모양새를 보이는 것일까 라는 것이다.

유교 문명의 미덕 중 하나가 나이 듦에 대한 존숭인 것은 누구나 다 아는 사실이다. 그러한 유교 가치를 오래 체화해 온 나라에서 어떻게 그와 같은 모습의 노인상이 다반사가 되었을까? 앞에서 언급한 니체의 말에 '힘의 균형은 정의의 기초이다'라는 말이 있다. 이 말을 들으면서 동시에 맹자의 '경장(敬長, 어른을 공경함/오래된 것을 존숭함)'으로서의 정의(義)가 생각났다(『맹자』 진심 上 15). 즉 한 사회가 의로운 사회가 되기 위해서는 그 사회 힘의 총량이 구성원들에게 고루 분배되어야 하고, 그에 더해서 맹자의 경장으로서의 정의는 거기서의 힘이 단순한 물리적인 힘이나 현재적으로 눈에 보이는 힘으로서만이 아니라 오히려 그 반대의 것에 대한 의식을 강조한 것이라고 하겠다. 다시 말하면 정의로운 사회, 다른 사람에게 속하는 것을 함부로 빼앗지 않고, 골고루 부와 이익과 편리를 나누는 정의로운 사회가 되려면, 가장 근본적으로는 지금 나이 들고 힘이 약해져서 어려운 처지에 있는 사람의 것을 존중하는 일, 눈에 잘 드러나지는 않지만 과거 그의 수고로 지금이 있다는 것을 알고서 마땅히 그들에게 돌아가야 할 수고의 대가를 지불하는 일, 그렇게 '오래된 것', '나이 듦'을 공경하는 일이 보편화될 때 가능해지는 일이라는 것이다. 비록 그의 공로가 지금은 눈에 잘 보이지 않지만, 그것을 잘 유추하고 상상해 볼 수 있는 사회, 어린 시절부터 그러한 삶의 태도와 인식을 몸과 마음의 습관으로 잘 체득함으로 인해서 남의 것을 쉽게 빼앗지 않고, 그것을 통해서 빈익빈 부익부가 그렇게 퍼지지 않는 인간다운 사회를 말하는 것이다. 지금 그러한 유교 전통의 한국과 그와는 다르게 젊음과 미래에 모든 가치를 두고 있는 서구 문명의 꽃인 미국을 비교해 보면 부의 편중과 불평등이 미국이 훨씬 심한 것을 알 수 있다. 비록 오늘 남한 사회도, 그리고 사회주의 국가인 중국조차도 이후 서구식 정의와 평등주의(능력 평등주의)에 과도하게 몰입하면서 사회적 불의와 불평등이 빠른 속도로 심화하고 있음에도 그러하다. 나는 광화문 태극기 부대의 노인세대가 거기서 나오는 분노와 절망의 여파라 여긴다.

VII.

한국 사회가 그동안 고밀도의 압축적 근대화를 겪으면서, 또한 IMF 사태 이후 신자유주의 경제 제일주의가 다른 모든 사회공동체적 덕목을 집어삼키면서 노인 세대 자신도 자신들의 삶의 가치를 그러한 세태의 유행에 맞추어 온 것 같다. 그래서 그들에게도 몸의 젊음과 쾌락이 가장 선호되는 가치가 되었고, 그러면서 자신이 오래전 속했던 군대의 군복과 군화를 신고서 거리를 활보하는 것이 마치 자신들 힘의 건재함을 증명이나 해 주는 것처럼 여기지만, 결국 스스로를 회화화시키는 일이 되고만다. 여성 노인들도 역시 시간을 거꾸로 살고 잡아매는 것만이 남은 길이라고 여기는 것처럼 겉모습의 치장이나 그동안 잘 인정받지 못하고 억눌려 왔던 감정의 분출을 위해서 매우 분주한 모습이다. 어쩌면 60대의 나 자신도 그런 모습에서 온전히 자유롭다고 할 수 없는 이 현실을 보면서, 그러나 그런 나이 듦의 방향이 일시적 유행이나 잠깐의 세태일 수 있을지언정 인간다운 삶이 지향하는 방향으로 여겨져서는 안 될 것이라 여긴다. 이 자그만 책자에 묶인 성찰들은 바로 이러한 생각들을 반영한 것이다.

인간이 몸이 늙는다고 해서 모든 것이 그 의미를 다하는 것이 아니라 오히려 반대일 수 있고, 그래서 우리 삶이 지향하는 바가 나이가 들수록 자아에 대한 집착이나 몸의 건강에 대한 과도한 염려에서 벗어나서, 대신 남겨질 세상에 관한 관심과 배려로 더욱 너그러워지고(generous) 지혜로워질 수 있는 것을 말한다. 그러한 후세대에 대한 지속적인 관심과 배움으로 자연스럽게 건강할 수 있고, 기쁠 수 있으며, 그래서 죽음과 끝에 대해 두려움에서 벗어나서 남겨지고 주어진 때를 건강하게 살 수 있는 사람이 되는 일을 말하고자 함이다.

공자는 노년에 들어서 '역(易)'을 깨우치기 위해 더욱 몰두했는데, 자신에게 하늘이 몇 년의 시간을 더 준다면 삶에서 큰 잘못이 없을 것이라고 하면서 얼마나 열심히 공부했던지 책을 맨 가죽끈이 세 번이나 끊어질 정도였다고 한다. 그렇게 배움에 몰두한 공자는 밥 먹는 것도 잊고, 거기서 얻어지는 진리로 인해 기뻐서 늙음이 다가오는 것도 몰랐다고 한다. 그렇게 해서 그 전 시대로부터 전해져 오던 세계와 인간 삶의 나아감에 대한 기존의 지혜를 다시 한번 자신의 것으로 더욱 새롭게 해서 이후 후대의 삶을 인도해주어서 오늘이 있게 한 것이다.

오늘 21세기에는 우리가 모두, 대한민국의 노인 세대는 누구나가 이와 유사한 삶을 살 수 있어야 하고, 또한 많은 면에서 예전보다 훨씬 더 그러한 삶을 살 가능성이 커졌다고 생각한다. 이 책의 본문에서 더 자세히 여러 측면에서 살펴볼 것이지만, 이것은 우리 삶과 인간 삶의 성장과 성숙이 몸이 생물학적으로 자라는 시기에만 한정되고, 거기서 마무리되는 것이 아니라는 것이다. 그 이후로도 계속 연결되고 지속하며, 심지어는 -다시 종교적이고 신화적인 언어를 쓸 수밖에 없지만- 이생에서의 삶이 다가 아니라 '저생'이 있고, '부활'이 있으며, '윤회'가 말해지고, 뜻을 잇는 '도통(道統)'이 계속 성찰돼 온 것을 생각해 보아야 한다는 것이다. 그렇다면 그것은 인간 삶에서 형이상학적 물음이나 종교적 상상이 한 번도 그치지 않았다는 표시일 터인데, 왜 오늘 한국 사회에서 이렇게 종교가 성하고 배움과 지식이 보편화되었는데도 오히려 노인들의 삶은 그러한 질문들과는 거리가 멀고, 권위와 존엄을 잃고서 더욱 퇴색되어만 가는가, 라는 안타까운 질문이다. 그런 뜻에서 오늘 대한민국의 노인 세대가 몸이 늙는다는 것을 자신의 소멸과 위축이라고 여기면서 더는 사유하지 않고, 젊은 세대들에게 마구 희화화 당하며 붕당으로 휩쓸려서 과거와 겉모습에만 몰두해서 산다면, 그것은 전혀 바람직하지 않고, 인간 삶의 오랜 진실을 왜곡하는 것이라는 말이다.

VIII.

『논어』 읽기를 마치고 2부 격으로 같이 묶은 공자 삶과 서구 현대 발달심리학에서의 인간 발달 이해에 관한 비교 연구는 바로 이와 같은 시각에서 더욱 현실적인 언어로 공자 삶의 6단계를 분석해 본 것이다. 그러면서 우리 삶도 그처럼 계속적인 전개를 이루어 노년이 되고 말년이 되면서 더욱더 지혜로운 사람이 되고, 삶의 뜻에 대한 의식으로 참된 자유와 관용, 진정한 권위의 사람이 될 수 있음을 드러내려고 한 것이다. 공자 인생의 6단계가 단지 그 옛날의 한 특수한 경우가 아니라 오늘 21세기 모든 보통 사람의 삶에서도 유사하게 재현될 수 있다고 여기면서, 특히 지금 한국 사회에서 노년기의 삶이 그 방향성을 잃고 표류하고 있는 상황에서 우리의 의미 있는 '오래된 미래'로 보고자 한 것이다.

사실 이 연구는 본인의 유교와 기독교의 대화 길에서 오래된 것이다. 세종대 교육학과에 있으면서 먼저 레빈슨(D. Levinson)의 『남성 인생의 사계절』을 통해서 시작했고, 1997년 미국 Northwestern 대학에서 연구년을 보내면서 그곳 성인 발달심리학자 맥아담스(Dan P. McAdams) 교수와 만나면서 진척시켰다. 한참 이후 2018년 세종대학교 대학원에서 한 제자가 유사한 주제로 박사학위 논문으로 써내기도 했는데, 나는 오늘 한국 사회에서 노령화가 급속히 진행되고 있고, 이제 우리도 성인기의 삶을 보다 성찰적으로 구성하면서 살아갈 수 있는 상황이 되었다면 이러한 인간 생애 전체에 대한 긴 안목의 통합학문적 탐구가 긴요하다고 본다. 다만 앞으로의 인간 수명이 지금까지 인류 문명이 경험해 보지 못한 정도로 크게 늘어날 전망이고, 거기서 인간의 탄생과 죽음, 그 이후의 시간에 대한 우리의 인식도 크게 변할 것이므로 지금까지의 이러한 연구 결과가 어느 정도까지 유효할지 라는 의문이 없는 것은 아님에도 그러하다.

IX.

서구 여성 정치철학자 한나 아렌트는 그녀의 기념비적인 작품 『전체주의의 기원』을 쓰면서 그 첫판의 서언(1950년)에서 서구 역사 속 깊은 지하에 흐르는 '절대악'과 같은 흐름에 관해서 이야기했다. 20세기에 인류가 잔혹하게 겪은 나치즘이나 제국주의, 스탈린 정권 등이 바로 그러한 악의 전체주의적 분출이라고 그녀는 이해한다. 그런데 여기서 더 깊이 생각해 보면 그 지하 깊은 곳에 흐르는 악한 흐름이 바로 서구 문명이 자기 문명의 토대로 삼고 있는 유대-기독교적 초월신이 지독하게 가부장주의적으로 타락한 모습이 아닐까 한다. 그 부패한 신관이 최종적으로 이 세상에서의 어떠한 함께함도 허락하지 않는 유아독존적 전체주의를 불러와 사람들의 삶을 온통 "뿌리 뽑고(rootless)", "집을 잃게 하는(homeless)" 악행으로 뒤덮은 것이 아닌가 생각하는 것이다. 오늘 그러한 유대-기독교적 유일신관이 널리 퍼져 있는 한국 사회에서 극우 보수주의 개신교는 민족공동체로서 남북이 오랫동안 함께해 온 경험과 시간을 부정하면서 극단적 반공주의로 흐르고 있다. 또한 신천지 종교집단은 거짓말을 자신들 포교의 기본 수단으로 삼아서 남의 것을 빼앗고 거짓말하는 것을 "추수꾼"의 "선한 묘략"이라고 가르친다. 그러면서 인간 문명의 오랜 축적인 '선(善)'이라는 언어, '교육'이라는 언어 등을 극단적으로 오염시키고 있는데, 그러한 것들은 모두 또 다른 종류의 서구 기독교 신앙의 전체주의적 타락이라고 할 수 있다.

이를 극복하고자 하는 한 시도로서 동아시아의 오래된 영성인 인(仁)의 영성이 제시하는 간(間) 세계적인 인간 믿음을 다시 살펴보고자 하는 것이다. 그것은 서구 기독교가 자칫 빠져들기 쉬운 저세상주의나 또는 그 반대로 허울뿐인 탈세속과 더불어 실제에서는 어느 경우보다도 속속들이 이 세상에서의 물질과 욕망 중심의 자아 절대주의를 추구하는 악행에 맞설 수 있게 한다. 서구 기독교 역사에서 끊임없이 등장해 온 세계종말이나 '휴거', 요한계시록 '14만4천'의 선별 등, 혹세무민하는 유사(類似, pseudo) 종교적 사이비 신앙에 대한 참된 응전은 그러한 반문명적 오염의 가능성을 다분히 내포하고 있는 기독교 신앙의 배타주의에만 머물러 있지 말고, 좀 더 내재신적이고, 상호신뢰적이며, 합리와 보편, 인간의 건전한 말과 상식을 중시해 온 유교 공동체적 세간적 영성을 함께 살피고 일깨우는 일이 중요하다고 본다. 즉 다시 이 세상의 '집'과 일상적 '말'의 소통을 중시하고, 그 말들이 구체적으로 쓰이는 지역 공동체와 사람들의 친밀의 장소를 살려서 우리의 관계가 더욱 몸적이고 실제적으로 되도록 하는 일이 중요하다는 것이다. 지금까지 경제와 물질과 돈만을 위해서 모든 것을 희생시켜 온 우리 삶의 근본적인 변화와, 정치와 교육 등에서의 획기적인 전환이 요청된다는 말이다.

오늘 한국 사회에서 많은 젊은이들이 어린 시절부터 자연스러운 삶의 과정에서 얻어지는 구체적인 말과 집을 잃고서, 아니 가져 보지 못하고서, 상상과 왜곡의 '신천지'를 찾아서 방황하며 더 깊은 노예적 삶에 빠지는 것이 안타깝다. 그 중요한 책임이 국민의 삶과 정치를 그와 같이 안정되도록 펴내지 못한 기성세대에게 있다. 거기서 한국 기독교는 자신의 대 사회적인 역할을 하지 못하고 여전히 식민지적

신앙에 경도되어서 배타적이고 허위적으로 저세상주의를 외치지만 자신은 말할 수 없을 정도로 사욕과 물질적 욕망의 삶을 살고 있다. 그래서 공자와 논어 이야기를 다시 가져와서 새롭게 우리 삶과 정치를 살펴보고, 참된 신앙과 믿음이 무엇인지, 왜 우리 말이 다시 사실과 부합해야 하고 믿을 만해져야 하는지, 어떻게 참다운 교육과 배움이 친밀한 가족적인 삶과 마을 공동체적 경험으로부터 시작하여 온 우주를 품을 수 있는 지경까지 나아가도록 할 수 있는지를 성찰해 보고자 하는 것이다.

그 일은 곧 우리 일생의 삶을 처음 시작점부터 잘 살펴서, 아니 그 이전의 근거로부터 다시 생각해서 각자 안에 믿음의 근거를 마련해 주고, 그 가운데서 자신 삶의 뜻을 찾아서 나름의 인생을 살아갈 수 있도록 배려하고, 잘못 길을 들었으면 다시 고칠 기회를 주며, 경쟁과 분쟁과 욕심을 극복하고 참된 인간적 하나됨의 공동체를 지향하도록 우리 삶 전체를 관심하는 일일 것이다. 20세기에 들어서 한국 사회가 서구 기독교 신앙을 받아들여서 좀 더 평등하고 용이하게 자신의 존엄성을 자각하고 계발하여 이만큼 성장할 수 있도록 했다면, 이제는 그 기독교 신앙의 과도한 편중과 왜곡이 불러온 부작용과 파행을 다시 새롭게 우리 고유의 지혜와 영성으로 또 한 번의 전환으로 다듬어야 할 것이다. 이 작은 책자가 그러한 일에 조그마한 도움이라도 되면 좋겠다.

X.

마지막으로 이 책이 나오기까지 수고하신 분들께 감사의 인사를 전하고 싶다. 먼저 이 글의 연재를 일 년 이상 살펴주신 〈에큐메니언〉 담당자들이 있다. 게재 당시 함께 했던 이들은 모두 떠났지만 그들의 수고를 기억한다. 다음으로 어려운 출판계 상황에도 불구하고 다시 출판을 맡아주신 〈도서출판 모시는사람들〉의 박길수 대표께 감사의 마음을 전한다. 우리나라에서 『논어』 해석과 공자 이야기야 그 수가 헤아릴 수 없을 정도로 많을 것이고, 거기에 또 하나를 보태는 것이지만, 동양 고전 공부에서 여전히 일천함을 면치 못하는 본인으로서는 이 책의 출간이 의미 있다. 정말 잘 모르기 때문에 용기를 내는 것이 쉽다는 말대로, 고명하신 전공자들에게 나의 이 책이 그런 경우인지 모르겠다. 그러나 한 편씩 생각을 다듬어갈 때마다 한국의 여성신학자와 여성유학자라는 쉽지 않은 중첩의 역할을 생각하면서 이러한 역할로서의 본인의 해석이 세상을 다르게 보는 또 하나의 창이 되도록 하자는 간절한 마음이었다. 글이 나올 때마다 같이 읽어주시고 좋아요를 누르며 공유해준 여러 페친들, 수업시간에 함께 읽고 이야기를 나누어준 제자들, 지난 2017년 독일 종교개혁 5백년의 날을 위해서 출국할 때 연재했던 글을 한 권의 패키지로 묶어준 앞에서 말한 박사학위 논문의 저자 조광연 선생에게도 고마움을 표한다.

2013년 겨울, 미국 오하이오의 Denison 대학에 잠깐 머무를 때 나에게 특히 다가온 『역경』의 '집언봉사(執言奉辭)'라는 말, 그 말 그대로 '말을 들어서 (세상의 일에 대해서) 이야기하는 일에 봉사하는 일'이 나의 일이라고 생각하고, 이번 일도 그중 하나로 여기면서 수행했다. 이렇게 계속 말과 더불어 씨름하느라고 고통받을 때 그 가운데서도 일상의 삶을 살 수 있도록 함께해 준 사랑하는 가족, 그 사이 우리 가족에게 신서(信恕)와 진서(眞恕)라는 이름의 어여쁜 손자와 손녀도 태어났다. 이들에게 감사하며 부끄럽지 않은 할머니가 되어야 할 터인데, 그리고 지금까지 그렇지 못했다면 앞으로는 더욱 그 반대의 일을 사실로 만들어 내야 할 터인데, 다시 하늘의 은총을 구하면서 길어진 서언을 마무리한다.

2020년 6월

횡성 현장(顯藏) 아카데미에서

2부

공자의 자아실현 단계와 우리 인격의 변화

1부

집언봉사(執言奉辭)
논어이야기

1. 배움의 삶

『논어』1장 「학이(學而)」14

子曰 君子食無求飽 居無求安 敏於事而愼於言 就有道而正
<small>자 왈 군 자 식 무 구 포 거 무 구 안 민 어 사 이 신 어 언 취 유 도 이 정</small>
焉 可謂好學也已.
<small>언 가 위 호 학 야 이</small>

공자께서 말씀하셨다. 군자가 먹는 데 배부른 것을 구하지 않고, 거
처하는 데 편안한 것을 구하지 않으며, 일에 민첩하면서 말하는 것에
신중하고, 도가 있으면 곧바로 나가서 자신을 바로잡는다면 그야말
로 '배움을 좋아한다(好學)'고 말할 만하다.

성찰 ──

『논어』 제1장은 배움과 공부에 대한 공자의 생각이 잘 나타나 있
는 「학이」편이다. 오늘날 이렇게 배움과 공부, 학교가 보편화되어 있
는 상황에서는 「학이」편이 특별해 보이지 않을 수도 있다. 하지만 공
자가 그같이 말한 것이 지금으로부터 대략 2천5백여 년 전이고, 오늘

현대 문명의 선진 그룹이라고 하는 서구에서도 사람들이 보편적으로 초등교육을 받을 수 있게 된 것이 겨우 2백여 년 전인 것을 생각해 보면, 그의 생각이 얼마나 선진적이었는지를 알 수 있다.

공자(B.C.551-479)는 인간이 인간인 이유와 근거가 '배움(學)'에 있다고 생각했다. 그래서 그것이 곧 그의 종교와 정치가 되고, 구도의 길이 되었다. 공자가 이러한 생각을 한 것이 대략 기원전 5세기경이므로, 서구철학자 칼 야스퍼스(K. Jaspers, 1883-1969)가 말한 소위 인류 문명의 차축시대(die Achzenzeit, the Axial age)에 이루어진 사유이다. 그중에서도 인도 사상이나 유대-기독교 사상과는 달리 오늘의 구분으로 좁은 의미의 종교라기보다는 학문과 배움, 공부와 같은 좀 더 보편적인 인간 문명의 길을 제시했으니, 오늘날 제2의 차축시대를 말하면서 인간 모두가 함께 기댈 수 있는 보편적인 삶의 길을 찾고자 한다면 이러한 공자의 배움 이야기는 좋은 길라잡이가 될 수 있겠다.

공자는 이 짧은 한 구절의 말로써 2천5백 년이 지난 오늘날에도 우리 모두의 삶에서 제일의 관건이 되는 일들을 오롯이 언급하였다. 그러면서 공부와 배움이란 바로 그렇게 우리 삶과 긴밀히 연결되는 일이라는 것을 지적해 주었다. 공자가 여기서 말한 것을 대체로 네 가지로 정리해 볼 수 있다. 즉 그가 파악한 배움과 학문의 네 가지 일이란, 첫째, 먹고사는 문제와 경제에 관한 일로서, 그러나 거기에 휘둘리지 않는 인간이 되는 일이다. 먹고사는 일은 인간 삶의 기본이

지만 배움과 학을 통해서 그것이 다가 아니라는 것을 배우고, 그래서 그에 대한 과한 욕구로부터 자유로운 사람이 될 수 있다는 것이다. 그것이 바로 공부라는 것이다.

둘째, 공적 삶에서 민첩하게 행위할 수 있는 사람이 되는 일이다. 그때나 지금이나 인간은 서로 함께 살아가는데, 다른 사람들과 관계되는 일에서 나태하거나 책임과 역할을 저버리기 쉽다. 그래서 그것을 경계하여, 또는 더 적극적으로 말하면 공적 영역에 대한 책임과 배려를 다하며, 그 일에서의 무능력과 무책임성을 깨쳐 나가는 일이 이것이다.

셋째, 언어에서의 배움이다. 인간의 인간다움은 특히 언어에서 드러나므로 배움이 깊어갈수록 그의 언어가 신중해지고 품격을 갖추게 된다는 것이다. 우리가 무심코 쓰는 일상의 언어에서부터 시작해서, 자신의 말로 세상을 파악하고 세상을 고쳐 나갈 수 있는 능력을 갖추는 일까지, 언어를 잘 쓰고 그 언어로 우리 삶의 질과 향을 높일 수 있는 사람을 키우는 일을 공자는 배움과 교육의 중요한 일로 파악한 것이다.

그리고 마지막으로 사람의 사람됨은 자신의 허물을 고쳐서 바르게 되는 데에 지체하지 않는 일로 보았다. 우리 모두가 각자 귀하고 유일하며 고유하다는 것을 알지만, 한편으로 우리 삶에는 선생이 있고, 이 사회에는 전문가가 있으며, 우리는 실수하고 부족한 존재라는 것을 깨닫고, 인정하고, 그런 만큼 더불어 노력하고 더 배우고자 하는 것, 그것이 진정으로 호학자, 배움을 좋아하는 자, 인간성을 잃지 않는 자, 인간성 자체라고 공자는 가르친다.

인간 생존에 요구되는 기본적인 욕구에 휘둘리지 않는 태도, 공적인 책임에 민첩하기, 언어를 잘 쓰고, 스스로를 돌아보는 일에서 게으르지 않는 일, 이 네 가지 가르침에 비추어서 오늘 온갖 파행으로 치닫는 우리 공부와 배움과 삶과 사회를 돌아볼 일이다.

2. 믿음의 삶

『논어』2장 「위정」(爲政)22

子曰 人而無信 不知其可也.
자 왈 인 이 무 신 부 지 기 가 야

공자께서 말씀하셨다. 사람에게 믿음이 없으면 그의 쓸모를 알지 못하겠다.

성찰 ──

「위정」편은 『논어』 두 번째 장이다. 어떻게 정치를 할 것인가, 어떻게 사람들이 모여 사는 일에서 인간다움이 손상되지 않도록 할 것인가, 어떤 공동체가 이상적인 공동체이고, 그것을 이루기 위해서 무엇이 제일 관건인가 하는 질문과 성찰이 주를 이룬다.

공자는 맨 처음 "정치를 덕(德)으로 하는 것은 마치 북극성이 제자리에 있으면 모든 다른 별들이 그것을 중심축으로 해서 도는 것과 같다"고 하였다. 즉 공자는 정치를 하는 데 법이나 경제, 군사 등 오늘날의 정치에서까지도 대부분 사람들이 제일 중요시하는 물리적인 힘보다도 덕(德)과 학(學)과 예(禮) 등의 정신적인 힘이 중요하다는 것을 이미 그 시대에 강조하고 밝히고자 한 것이다.

이 이야기에 뒤이어서 바로 "『시경』의 시 300편의 정신을 한마디로 하면 '사무사(思無邪, 생각에 거짓이 없는 것)'이다"라는 이야기가 나온다. 이렇게 공자는 정치와 시, 정치와 진실, 정치와 사람의 생각의 관계를 밝히면서, 그것이 보통 사람들이 생각하는 것보다 매우 긴밀하게 연결되어서 인간이 함께 사는 삶과 정치의 기본 토대와 근거가 되는 것임을 밝혔다.

이 「위정」편에서 공자는 자신의 인생을 여섯 단계로 구분하여 말씀하신다. 15세에 학문(學問)(공부)에 뜻을 둔 이래 칠십 평생을 걸쳐 갈고 닦아서 노년에 이르기까지 자신의 삶을 공자는 어떤 말을 들어도 화내거나 편 가르지 않고(耳順), 매순간 내 마음(감정)의 움직임이 세상의 보편 도덕과 조화를 이루는 경지에 이르렀다(從心所欲 不踰矩)고 고백한다. 이것을 통해서 그는 정치와 학문, 정치와 교육의 관계를 잘 지적하였고, 거기에 더해서 참된 학문과 공부, 교육이란 이렇게 그 성취의 열매가 정신적이고 도덕적으로 맺어진다는 사실을 밝혀 주었다.

이 「위정」편에서는 또 효(孝)를 많이 이야기한다. 보통 정치와 효, 정치와 한 가족의 삶이 무슨 긴밀한 관계가 있을까 생각하기 쉽지만,

공자는 "선생께서는 왜 정치를 하지 않으십니까?"라는 질문에 "『서경』에 '효도하라. 효도하고 형제간에 우애하여 정사에 미치게 한다'고 하였으니 이것이 또한 정치하는 것이다"라고 대답하신다. 그렇게 함으로써 그는 늙고 힘없는 부모에게 잘하는 것, 그 부모 세대가 살아온 세월과 이룬 것에 대해서 존숭감(敬)을 가지고 예를 갖추는 것, 과거를 간단히 무시하거나 망각하지 않고 잘 살펴서 오늘의 배움으로 삼는 것(溫故而知新), 그런 모든 일들이 정치와 무관한 것이 아니고, 그러므로 가족 공동체와 작은 기초 공동체를 위해서 정성을 쏟는 일도 또한 정치라고 가르치신다.

그가 신의(信義)에 대해서 말한 것도 이러한 맥락에서이다. 그는 믿음과 신의가 없는 사람과는 어떤 관계를 맺을 수 있을지, 그 사람이 어떤 일을 하며 살아갈 수 있을지 모르겠다고 했다. 이 말로써 한 사람의 삶에서 가장 기초가 되는 자질은 신뢰할 수 있는 능력, 아니 신뢰받을 수 있는 능력임을 밝혔다. 다시 믿음과 신의가 없는 사람은 스스로도 타인과 세계와 미래를 믿을 수 없지만, 그 사람이 존재함으로써 한 공동체가 인간적인 지지대를 하나 더 얻어서 다른 사람들이 거기에 기대서 삶을 펼쳐갈 수 있는 기초가 되지 못한다는 이중의 부재를 말씀하신 것이다.

'신(信)'이라는 글자는 사람 '인(人)' 자에 말씀 '언(言)' 자가 합쳐진 글자이다. 기독교 신약성서 〈히브리서〉의 유명한 구절 "믿음은 바

라는 것들의 실상이고 보지 못하는 것들의 증거"라는 말씀대로 인간
은 언어를 가지고 지금 당장 눈앞에 보이지는 않지만 앞으로 이루어
질 일을 말하고, 그 말대로 그것을 이루기 위해 행위하는 존재임을
이 단어는 지시한다. 그래서 인간은 오래전부터 모여 살면서 이러한
경험을 축적해 왔기 때문에 '사람'과 '말'의 두 글자를 합쳐서 믿음 '신
(信)' 자를 만들어내지 않았나 생각해 본다. 사람 말의 힘이 얼마나
센 것인가를 경험한 결과라고도 할 수 있다. 그리고 인간이라면 누
구나가 자신의 말이 믿을 만하도록 책임성 있어야 하고, 오는 시간
속에서 자신의 말이 이루어지도록 실행해야 하는 존재라는 것을 말
해 준다.

오늘의 한 뇌과학 연구에 따르면 과거의 기억을 모두 잃어버린 사
람(HM, 어제가 없는 사람)은 그의 의식에 미래의 시간도 없다고 한다.
즉 과거에 경험한 일화가 있기 때문에 미래도 상상할 수 있다는 말
이다. 이것을 오늘 우리 믿음(信) 해석의 맥락에서 생각해 보면, 과거
의 삶에서 말이 실천되는 경험을 많이 한 사람일수록, 과거에 격려의
말을 많이 듣고, 진실과 공감과 사랑의 언어를 많이 접한 사람일수록
미래에의 소망과 상상과 기대를 더 잘 할 수 있다는, 즉 믿음의 사람
이 될 수 있다는 말이다. 이렇게 보면 유교 전통의 믿음(信)의 언어는
보통 기독교에서 인습적으로 믿음을 단지 단 한 번의 결단과 어떤 초
월적인 개입에 의해서만 얻을 수 있는 것으로 해석하는 일의 한계를

보게 한다. 맹자도 믿음이란 "자기에게 있는 것(有諸己之謂信)"이라고
했다. 인간은 과거를 바탕으로 미래를 꿈꾸면서 현재에 그 소망을
품고 행위하면서 사는 존재라는 말이라고 이해할 수 있다.

　공자의 「위정」편은 사람들의 삶이 그렇게 더 풍성히, 더 평등하게,
모두의 가능성이 실현되도록 현재의 정치를 잘하기 위해서는 어떤
인간적인 성품보다도 '믿을 수 있음'이 그 으뜸인 것을 가르쳐준다.

3. 인간의 기본적인 예의로서의 전통

『논어』3장 「팔일(八佾)」17

子貢欲去告朔之餼羊 子曰 賜也, 爾愛其羊 我愛其禮.
자 공 욕 거 고 삭 지 희 양   자 왈   사 야   이 애 기 양   아 애 기 례

자공이 고삭의 희생제에서 양을 바치는 예(禮)를 없애려고 하자 공자
께서 말씀하셨다. 사(자공)야, 너는 그 양을 아까워하지만, 나는 그 예
를 아낀다.

성찰 ──

　『논어』제3장은 2장의 정치에 이어서 종교(禮)를 논하는 「팔일」편
이다. 이 장의 이름이 연원된 팔일무(八佾篇)는 당시의 예법에 따르면
천자(天子) 앞에서만 출 수 있는 대무(隊舞)였다. 그러나 당시 대부(大
夫)로서 세도가였던 계씨 집안에서 사사로이 그것을 행하자, 거기에
대해서 공자는 그가 그런 일도 감히 하는데, 앞으로 무슨 짓인들 못
하겠느냐고 하면서 세차게 비판했다.

이렇게 공자는 앞의 「위정」편에서 사람들이 살아가는 일을 잘 처리하는 근거로서 믿음을 든 데 이어서, 여기서는 예절과 제사, 전통, 권위 등의 중요성을 말한다. 믿음과 신뢰가 현재와 미래와 더 관계된 것이라면, 예(禮)와 종교, 전통은 과거의 권위와 더 연관된다.

사람의 말과 행위가 신뢰할 만하고, 성실하고, 정직하며, 선해야 하지만 그렇지 않은 경우가 다반사인데, 그렇다면 어떻게 무엇을 근거로 해서 가르치고, 그렇게 되지 못하도록 하고, 다시 바른 행위에로 인도할 수 있는가? 공자는 그 일이 예(禮)와 전통과 과거의 권위(종교)가 바로 섰을 때 가능하다고 보았다. 그만큼 유교는 권위를 중시해 왔고, 전통이나 예절을 인간 삶에서 없어서는 안 되는 핵심 기반으로 삼아 온 것이다.

우리가 모두 알다시피 현실에서 그 부작용이 나타난 것도 부인할 수 없다. 하지만 한 번만 더 깊이 생각해 보면, 사람들이 인간의 바른 도리를 잃고 힘과 욕망을 삶의 최고 기준으로 삼고서 살아갈 때(인간 모두는 한편으로 그러한 자기이익 중심주의의 속성을 가지고 있는데), 그것을 제어할 수 있는 보편적이고 인간적인 방식이 무엇일까를 물어볼 수 있다. 그것은 바로 과거 자신이 주위 사람과 평화롭게 어우러져 살았을 때의 기억, 자신의 시원(始原)에 대한 감사와 더불어, 아무리 자기 자신의 물리적 힘이 더 세다고 해도 그 힘으로도 감히 범할 수 없는, 범해서는 안 되는 부모나 가족, 공동체의 조상이 있기 때문이 아닐까? 그러한 자각과 공경심 외에 궁극적으로 다른 무엇이 더 있을까를 생각해 볼 수 있다. 이런 모든 것들에 대한 자각과 공경이 바로 공자가 말하는 인간세상에서의 예의고, 제사이고, 전통과 권위에 대한 존숭이다. 그런 의미에서 유교가 결코 종교가 아닌 것이 아니다.

공자와 유교 전통에서 예(禮)를 강조하는 것은 본래 그 안에 인간적인 삶의 방식에 대한 깊은 믿음, 전통과 권위가 바로 서지 않으면 현재의 인간 삶은 쉽게 이전투구의 현장이나 양육강식의 각축장으로 전락한다는 지혜가 녹아 있다. 유대 기독교 전통이 자신들 조상의 시원을 하늘의 하느님에게까지 닿아 있는 것으로 이해한 것과 크게 다르지 않다. 기독교 전통에서도 사도와 교회 공동체의 권위를 중시 하듯이 그렇게 인간다운 공동의 삶을 위해서 유교 전통도 '전통, 권위, 종교'의 삼중주를 중시하는 것을 말한다.

공자는 이러한 맥락에서 그의 제자 자공이 당시 제후가 초하룻날 드리는 고삭의 제사에 산 양을 바치는 예(禮)를 없애려고 하자, "너는 그 양을 아까워하지만 나는 그런 희생제의 전통에 깃들어 있는 정신이 사라질 것을 애석히 생각한다"고 응수하셨다. 즉 공자의 제자 중에서 가장 부자였다는 자공이 산 양을 잡아 드리는 희생제를 실용의 차원에서 그만두려 하자, 공자는 그렇게 현재만을 생각하는 실용주의는 자칫 전통을 통해서 이어져 온 인간됨의 정신적 기반을 훼손하는 우를 범할 수 있다고 가르치신 것이다. 마치 예수가 그의 발에 비싼 향유를 쏟는 막달라 마리아의 행위를 비난하는 제자를 일깨우신 장면처럼, 공자는 눈에 보이는 당장의 이익보다는 보이지 않는 것의 의미와 가치를 더 중시하신 것이다. 여기서 그의 깊은 초월의식을 본다.

공자는 "사람이 하늘에 죄를 지으면 빌 곳이 없다"고 했으며, "사람이 하늘에 드리는 '체(禘)' 제사의 의미를 진정으로 안다면 천하의 일도 마치 자신의 손바닥 안을 들여다보는 것같이 잘 알 수 있다"고 했다. 즉 하늘과 자신의 기원과 과거에 대해서 존숭감을 잃지 않고, 배은망덕하지 않으면서 자신의 한계와 근거를 아는 사람만이 현재와 현실의 삶에서도 현명한 지도자가 될 수 있고, 그의 마음이 인간다움을 잃지 않을 수 있다는 것이다. 그러한 믿음과 지혜로 공자는 인간이 모여 사는 삶에서의 구별의식(別)과 권위, 하늘에까지 닿는 전통의 예를 중시한 것이다.

그는 한편으로 이 「팔일」편에서 "사람으로서 인(仁)하지 않으면 예(禮)를 어디에 쓰며 … 음악이 있다 한들 무엇이겠는가?"라고도 했다. 또한 "예는 사치하기보다는 차라리 검소해야 하고, 상(喪)을 당해서는 형식보다는 진정으로 슬퍼하는 것이 중요하다"고 했다. 이렇게 그는 사람이 사는 동안 쉽게 빠져드는 자기 중심주의와 폭력성을 인간다운 방식으로 조절하고 치유하기 위해서 음악이나 시, 회화의 중요성도 잘 강조하셨다. 즉 예술과 문화의 소중함을 말하고, 그 자신이 그렇게 자신의 감정을 순화하는 예술을 깊이 배워 음미한 경험에서부터 우러나온 가르침인 것이다.

공자의 그러한 모든 공부와 예술에 대한 태도가 예(禮)와 관련이 있다. 그리고 그 예와 예술(藝)의 정신은 궁극적으로 하늘에 맞닿아 있다. 인간에게 있어서의 종교심은 그런 의미에서 인간 공동의 삶, 정치의 기초이다. 마하트마 간디도 "동시에 종교가 아닌 정치란 나에게 있을 수 없다"고 하면서 종교 없는 정치는 인류에게 그의 영혼을 죽이는 한 쓰레기에 불과하다고 했다. 과거와 전통과 권위를 모르는 정치, 예술과 문화와 종교를 모르는 정치는 자칫 폭력으로 전락할 수 있음을 「팔일」편은 잘 가르쳐준다.

4. 충서(忠恕)

『논어』4장 「이인(里仁)」1

子曰 里仁爲美 擇不處仁 焉得知.
자 왈 이 인 위 미 택 불 처 인 언 득 지

공자께서 말씀하셨다. 마을이 인(仁)한 것이 아름다우니, 그런 곳을
골라서 살지 않는다면 어찌 지혜롭다 하겠는가?

성찰 ──

제3장 「팔일」편에 이어서 이번에는 「이인」편이다. 『논어』 제9장
「자한」편에 "공자께서는 이익(利)과 명(命)과 인(仁)에 대해서는 드물
게 말씀하셨다"라는 구절에 공자와 유교의 핵심사상인 인(仁)이 처음
나온다. 『논어』에는 총 108번에 걸쳐서 인에 대한 이야기가 나온다
고 한다. 인간다움과 서로에 대한 배려와 소통의 전통이 살아 있는
마을이 아름답고, 그런 곳을 골라서 사는 것이 지혜로운 처사라는 말
씀이다.

「팔일」편에서 인간이 인간다움을 잃지 않고 모여서 사는 삶이 약육강식의 폭력장으로 변하지 않도록 하는 전통과 권위, 종교(禮)의 삼중주에 대해서 이야기했다. 과거로부터 전해져 내려오는 인간적인 예를 익히고, 전통의 권위가 그것을 뒷받침하고, 궁극적으로 하늘에까지 가 닿는 인간적인 경외심(敬)에 대해서 말한 것이다. 그런데 우리가 한편으로 잘 알고 있는 사실은 그 예와 전통은 형식주의에 물들기 쉽고, 막무가내의 폭력이나 거부 앞에서 무력하며, 그렇다고 그것을 더 강화할 경우 우리 삶은 점점 더 차가운 법치주의나 공안주의에 빠질 수 있다는 것이다. 춘추전국시대에 공자나 맹자가 당시의 법가나 순자의 방식에 가했던 비판이 그것이고, 한국사회에서도 그것을 많이 경험했다.

상황이 이러할수록 공자가 더욱 집중한 곳은 인간 내면의 힘이었다. 물론 그가 한편 "자신을 이기고 예로 돌아가는 일이 인(仁)이다"(克己復禮爲仁)라고 말하였지만, 여기서 인은 그 예를 행할 수 있는 인간 속의 더 근원적인 힘, 자신을 이기고 남과 더불어 살 수 있는 인간됨의 '뿌리'와 '씨앗'으로서의 선험적인 영적 힘을 가리킨다고 할 수 있다. 한국의 유영모(柳永模, 1890-1981)와 함석헌(咸錫憲, 1901-1989) 선생은 그것을 '씨ᄋᆞᆯ'로 표현했다. 이렇게 공자의 세계 신뢰의 진정한 근거는 어떤 외면적인 정치나 외재적인 예의 체제 등 인위적인 것이 아니라 '인(仁)'이라는 인간성 자체인 것을 알 수 있다.

인(仁)의 글자를 형상적으로 풀면, 여성이 자궁에 아기를 품고 있는 모습이나 두 사람이 서로 어깨를 기대고 있는 모습이라고 한다. 인과 인간성의 본질이란 '더불어 함께함'이고, '관계' 안에 설 수 있는 능력이며, 그 관계를 통해서 '천지에 만물을 생겨나게 하는 창조적 생명력(天地生物之理/心)'이라는 것을 지시해 주는 것이다. 쉬운 말로 하면 사랑할 수 있는 능력이고, 배려하고 공감할 수 있는 마음이며, 상상력과 직관력으로 상대의 처지를 알아차리고 존귀하게 여길 수 있는 마음의 인식력을 말하는 것이리라.

그런 능력이 풍부한 사람들이 사는 마을(里仁)에 함께 사는 일이 참으로 아름답고 선한 일이라는 것이다. 그리고 그런 곳을 고를 수 있는 능력이야말로 지혜라는 것이다. 그처럼 인간성이 풍성히 살아 있는 사람들이 이루는 부부관계, 가정 살림, 동네와 직장, 나라가 얼마나 아름다운가를 공자는 누누이 말하고, 그런 공동 삶을 이루는 궁극의 기초를 인간성 안에서 발견한 것이다.

그와같은 인이 무엇인가를 여기 「이인」편의 언어로 다시 이야기해 보면, 공자의 제자 증삼이 스승의 도를 한마디로 꿰어서 전해 준다는 '충서(忠恕)'라는 말이 된다. 충(忠)이란 '마음(心)에 중심(中)이 있는 것'이고, 서(恕)란 '상대방도 나와 같은 인간(如)이라는 것을 미루어 짐작하는 마음(心)'이다. 그래서 이 인간성으로서의 중심 잣대를 가지고 판단과 행위에서 좌우로 치우치지 않고 정직을 유지하는 것이고, 앞의 상대방도 나와 같은 믿음과 약함과 가능성을 가진 존재라는 것을 알아서 그를 믿어주고, 용서해 줄 수 있는 능력을 말한다. 여성 정치철학자 한나 아렌트(Hannah Arendt, 1906-1975)는 인간의 가장 고유한 두 능력으로서 "약속하는 힘"과 "용서하는 힘"을 들었는데, 이것이 공자의 충서와 매우 잘 통하는 것 같다.

공자는 또 여기서 "사람이 인(仁)하지 못하면, 곤궁한 처지에서 오래 견디지 못하고, 기쁨에도 오래 머물 수 없다(不可以久處約 不可以長處樂)"고 하였다. 인간성, 충서, 존재에 대한 깊은 사랑, 생명에 대한 근원적인 신뢰와 믿음을 갖지 못하면 삶과 시대의 어려움 앞에서 쉽게 좌절하고 포기한다는 것이다. 또한 그러한 사람들이 추구하는 삶의 기쁨과 즐거움은 매우 표피적인 것이어서 쉽게 변하고, 순간의 쾌락에 집착하고, 그래서 불나비처럼 이런 즐거움 저런 쾌락을 찾아다니지만 그런 기쁨들이 진정으로 생명력과 인간성을 길러 주지 못한다는 지적이다.

사람이 인(仁)하지 못하면 직면하는 현실은 오늘 우리 시대의 인간 군상을 잘 그려주고, 온갖 종류의 오락과 취미와 문화가 난무하지만 인간성은 오히려 점점 메말라가고 돈과 이기적 자아에의 노예성은 줄어들 줄 모르는 현실을 분명히 밝히고 있다. 유사한 맥락에서 공자는 "오직 인한 사람만이 사람을 좋아할 수 있으며, 사람을 미워할 수 있다(惟仁者 能好人 能惡人)"라고 했다. 그것은 인(仁)한 사람의 '호불호(好不好)'의 감정은 사적인 것만이 아니라 한 시대의 선(善)과 미(美)의 기준이 될 수 있음을 밝힌 것이다. 그 이유는 그의 마음과 감정이 인에 근거해서 좌우로 치우쳐져 있지 않기 때문이고, 이렇게 시대의 문화와 예술은 인이라고 하는 생명력과 사랑에 근거할 때 위대하게 번성할 수 있음을 지시한 것이다.

"아침에 도(道)를 들으면 저녁에 죽는다 해도 좋다"라는 공자의 유명한 말도 이 편에 나온다. 내 안에 우주 생명의 씨앗과 뿌리가 들어 있고, 그래서 진실할 수 있으며, 선과 미의 기준도 여기 지금의 나의 선호 감정과 결코 무관하지 않다는 것을 깨달은 자의 기쁨은 이루 말할 수 없을 것이다. 그것은 영원(eternity)을 얻은 것이고, 오늘을 살면서 궁극을 사는 것이므로 더 이상 물리적인 목숨의 연장이나 부와 명예에 좌우되지 않는 것이다. 신약성서에서 세리 삭개오가 예수 복음을 체험하는 일이나 막달라 마리아의 향유옥합 행위가 그런 경험일 것이다.

공자는 "인(仁)이 아니면 어떻게 (사람이) 그 이름을 이룰 수 있겠는가(君子 去仁 惡乎成名)"라고 했다. 또한 뜻을 가지고 사는 사람이라면 한 끼 밥 먹는 짧은 순간에라도, 발이 걸려 넘어지는 급한 찰나에도 결코 인에서 떠나서는 안 된다고 하셨다. 이렇게 인이 참으로 보편적인 인간성의 기초로서, 만물을 낳고 살리고 진리에서 벗어나지 않게 하며, 선한 감정과 공감력으로서 우리를 자아와 돈의 노예성에서 벗어나게 해 주는 기본 동력이라고 한다면, 우리는 무엇보다도 그 인을 키우는 일에 주력해야 할 것이다.

"(仁의) 덕은 결코 외롭지 않아서 반드시 함께하는 이웃이 있다(德不孤 必有鄰)"는 것이 공자의 큰 믿음이었고, 그래서 그는 어떤 물리적인 위협이나 폭력, 명예나 가식의 유혹에 빠지지 않고서 인의 확산을 위해서 일생을 사셨다. 그것이 그의 삶과 행위의 진정한 그루터기였으며, 그를 통해서 우리는 궁극적으로 정치와 문화와 예술의 근본이 인(仁), 인간에 대한 배려와 사랑이라는 것을 다시 배운다.

5. 스스로 배움을 찾아 나서기

『논어』5장「공야장(公冶長)」23

子曰 孰謂微生高直 或乞醯焉 乞諸其隣而與之.
자 왈 숙 위 미 생 고 직 혹 걸 혜 언 걸 저 기 린 이 여 지

공자께서 말씀하셨다. 누가 미생고를 정직한 사람이라고 하는가? 어떤 사람이 그에게 식초를 얻으러 오자 그는 이웃집에서 빌려다 주었다 한다.

성찰 ──

제5장「공야장」편에는 주로 그 인(仁)에 근거해서 공자가 주변의 제자들과 당시 유명 인물들을 평하는 내용이 나온다. 이 장의 이름이 된 공야장(公冶長, B.C.519-470)은 공자의 제자이면서 사위가 된 공문 칠십이현(七十二賢)의 한 사람이다. 그는 새의 말을 알아들을 정도로 섬세하고 뛰어난 공감(仁)의 인물이었던 것 같다. 그래서 공자는 그가 한때 감옥에 갇히기도 했지만 그를 두둔하며 사위로 삼았다고

한다.

「공야장」편 23절의 미생고 이야기는 조선 후기의 여성성리학자 임윤지당(任允摯堂, 1721-1792)의 유고에도 나온다. 성(性)이 미생(微生)이고 이름이 고(高)인 그는 당시 매우 정직하고 올곧은 인물로 소문이 났다고 한다. 어떤 사람이 그런 그에게 식초를 꾸러 오자 자신도 가지고 있지 않았지만 이웃집에 가서 꾸어다가 그에게 주었다. 이러한 미생고를 공자는 정직하지 못한 사람으로 보았다. 자신의 처지를 솔직하게 드러내지 못하고 남에게 꾸어서라도 빌려 주어 자기를 너그럽고 풍족한 사람으로 치장하려 했다는 것이다.

유사한 경험을 우리도 많이 한다. 여성인 경우에 '착한 여자' 콤플렉스 같은 것으로 자신의 처지를 솔직하게 드러내지 못하고 여러 가지 가식이나 치장, 심지어는 거짓말과 임기응변으로 정직함을 훼손하면서 사는 경우가 많은 것을 말한다. 남자의 경우 허세로서 자신의 현재를 과장하는 경우가 많다. 공자는 어쩌면 우리가 이해해 줄 만도 한 이런 응변에 대해서 그것은 '직(直)'이 아니며, 그래서 '인간다운 것(仁)'이 아니라고 일러주신다.

공자는 이 구절 다음에 다시 좌구명(左丘明)을 예로 들어 "교언영색(巧言令色, 말을 교묘하게 하고 얼굴빛을 꾸밈)"하면서 지나치게 공손하게 구는 것과 "원망을 숨기고 그 사람과 벗하는 것(匿怨而友其人)"도 부끄러운 일이라고 지적하신다. 속으로는 원망을 품고 있으면서도 겉으로는 그렇지 않은 듯이 하며 계속 친구관계를 유지하는 일은 거짓이고, 사람으로서 할 도리가 아니라는 것이다.

그런데 사실 이러한 행태는 오늘 우리도 많이 행하는 것이다. 특히 오늘날과 같은 경쟁시대에 인간관계를 중시하고 화를 드러내는 일을 실패로 여기며, 친구관계도 얻어지는 이익에 의해서 좌우되는 일이 적지 않은 상황에서는 타인과 더불어 스스로를 속이는 일을 그만두기가 여간 어렵지 않다.

이 미생고 이야기의 한 주석에 따르면 여기서 '미생(微生)'은 양(羊)의 해 즉 을미년(乙未年)에 태어난 사람을 뜻하는 성으로, TV 드라마로도 방영되어 인기를 끈 '미생(未生)'과도 통하는 뜻이라고 한다. 즉 아직 자신의 자리를 찾지 못하고, 아니 아직 태어난 것도 아니어서 태어나고 살아남기 위해서 항상 남의 눈치를 보고 온갖 수모와 어려움을 참으면서 자기를 숨기며 살아가야 하는 사람의 처지를 말하는 것이다.

자신에 대한 내적 자존감과 자긍심이 약한 사람일수록 더욱 그러한 행태로 내몰린다. 어린 시절 여러 가지 이유에서 자존감이 길러지지 못했고, 또 오늘날처럼 이른 시기부터 경쟁에 내몰려서 항상 누군가와 비교 당하고 상대화되면서 자신 속에 독자적인 판단력과 행위의 중심을 키우지 못했기 때문이다.

예수와 공자도 어린 시절 아주 어려운 시간을 보냈지만, 그러한

처지를 극복하고 자유롭고 고유한 인격으로 성장하였다. 사마천의
『사기』「공자세가」편에 따르면 공자는 70세 노인 아버지와 그 후처
인 어린 신부 사이의 소생이었고, 아버지가 세 살 때에 돌아가셔서
홀어머니 밑에서 창고지기나 가축 사육 등 비천한 일을 하면서 자랐
다. 그 과정에서 예수나 공자의 어머니 역할을 생각해 본다. 예수의
어머니 마리아도 그렇고 공자의 어머니 안징재(顔徵在)도 당시로서
는 떳떳하지 못한 아들들의 탄생으로 마음의 고초와 물질적인 빈곤
함을 겪으면서도, 자식들의 자긍심과 자존감이 손상되지 않도록 뼈
를 깎는 노력을 했을 것이다. 그런 어머니들이 있었기 때문에 예수,
공자가 있을 수 있었다고 생각한다. 하지만 오늘날은 오히려 그런
어머니 역할을 여성들이 할 수 있도록 놔 두지 않는다. 시대가 모성
의 역할을 하찮게 여기거니와 여러 가지 이유로 돈벌이로 내몰아서
여성들로 하여금 그 역할을 방기하고 이양하도록 만든다.

　예수와 공자의 어머니 모두 그 자녀들에게 심어준 가장 귀중한 자
질은 스스로 배움과 뜻을 찾아 나서는 '자발성'이었던 것 같다. 공자
는 이 「공야장」편의 마지막 대목에서 "열 집 고을에 반드시 나만큼
충성되고 신의 있는 사람은 있을 것이지만, 나만큼 공부하는 것을 좋
아하는 사람은 없을 것이다(十室之邑 必有忠信 如丘者焉 不如丘之好學
也)"라고 하였다. '배우는 것을 좋아함(好學)', 학문을 깊이 사랑하고,
스스로 깨우쳐 가는 것을 좋아해서 끊임없이 자신을 갈고 닦아 마침

내 그들이 이룩한 경지란 놀라운 것이다.

　요즈음 이 땅의 어머니들이 자식 교육에서 가장 신경을 써야 할 부분이 바로 공부에서의 자발성을 잃지 않도록 하는 것이라고 생각한다. 그러기 위해서는 엄마들 스스로 배우는 것의 즐거움을 경험하는 것이 좋다. 예를 들어 『공부하는 엄마들』(김혜은, 홍미영, 강은미 공저, 유유) 같은 유의 책이 그 좋은 본보기가 되는데, 이렇게 이 땅의 엄마와 여성들 가운데서 호학자가 많이 생긴다면 그들 자식들의 공부에서도 지금과 같은 억지와 억압은 많이 사라질 것이다.

　후처인 젊은 엄마의 아들이었던 공자는 어려운 형편 가운데서도 잘 성장하여서 자신 삶의 뜻을 "나는 늙은이들을 편안하게 해 주고, 벗들에게는 믿게 해 주고, 젊은이들을 품어 주는 사람이 되고자 한다(老者安之 朋友信之 少子懷之)"라고 고백하는 큰 사람으로 성장했다.

　서구 기독교 사상가 페스탈로치(Johann Heinrich Pestalozzi, 1746-1827)의 고백대로 궁극적으로 신적 은총이 없이는 사람들에게 사랑과 믿음이 꽃피도록 하는 일이 가능하지 않지만, 공자나 예수, 페스탈로치와 같이 인류의 삶을 결정적으로 바꾼 사람들에게서는 신앙과 학문, 종교와 교육은 동전의 양면이다. 이들에게 교육과 공부는 인간 자연 속에 깃들어 있는 신적 불꽃을 참된 인간성으로 꽃피우는 일이기 때문이다.

6. 참된 공부, 호학자 정치인

『논어』6장 「옹야(雍也)」28

子貢曰 如有博施於民而能濟衆 何如 可謂仁乎 子曰 何事
자공왈 여유박시어민이능제중 하여 가위인호 자왈 하사
於仁 必也聖乎 堯舜 其猶病諸 夫仁者 己欲立而立人 己欲
어인 필야성호 요순 기유병저 부인자 기욕립이립인 기욕
達而達人 能近取譬 可謂仁之方也已.
달이달인 능근취비 가위인지방야이

자공이 물었다. 만일 백성들에게 널리 베풀어서 많은 사람들을 구제
하면 어떻습니까? 인(仁)하다고 할 수 있습니까? 공자께서 말씀하셨
다. 어찌 인함에 그치겠느냐? 반드시 성인(聖人)일 것이다. 요·순 임
금조차도 그렇게 하지 못함을 괴로워했다. 대체로 인자는 자기가 서
고자 하면 남을 서게 하고, 자기가 통달하고 싶으면 남도 통달하게
한다. 가까운 데서 취하여 미루어 이해할 수 있으면 바로 인을 행하
는 방법이라 할 수 있다.

성찰 ——

앞의 「공야장」편에 이어 「옹야」편도 공자가 주변의 인물과 당대의 여러 사람들에게 답하는 내용이다. 이 편의 이름이 된 '옹(雍)'은 공문십철 가운데 한 사람인 중궁(仲弓) 염옹(冉雍, B.C.522-?)을 가리키는데, 공자는 그가 비천한 출신이지만 매우 어질어서 군주가 될 만하다고 평하였다. 여기서 선택한 구절은 「옹야」편 마지막 구절로서 공자의 제자 자공의 질문에 답하는 내용이다. 자공은 "백성들에게 널리 베풀고 많은 사람들을 구제하면 그 사람을 인(仁)하다고 할 수 있습니까?"라고 물었다.

이 질문에 대해서 공자는 뜻밖의 대답을 하신다. "그렇게만 할 수 있다면 그것은 단지 인(仁)한 사람을 넘어서 성聖(人)이라고 할 수 있다"는 것이다. 앞뒤 문맥으로 미루어보면 "요순 임금도 그렇게 되지 못해 괴로워했는데, 너의 처지로 그 일은 너무 과한 일이 아닌가"라고 가볍게 힐책하는 것이다. 그러면서 그렇게 하늘의 도움이 있어야 이룰 수 있는 일(聖)보다는 인간의 일(仁)에 몰두하는 것이 더 낫지 않겠느냐고 제안하시는데, 인(仁)의 일은 그렇게 누구나 어렵지 않게 시작할 수 있는 일로서 자신의 처지를 미루어 짐작하여 다른 사람의 처지를 헤아리고 그를 도와주는 일이라고 말씀하시는 것이다.

공자는 「옹야(雍也)」편 20절에서도 번지가 '아는 것(知)'에 대해서 묻자 "사람들이 지켜야 할 의(義)에 힘쓰고, 귀신을 공경하되 멀리하면 지(知)라고 할 수 있다(務民之義 敬鬼神而遠之 可謂知矣)"라고 했다. 이 말을 들어서 쉽게 유교는 종교가 아니라고 주장하는데, 우리는 오히려 여기에서 공자의 초월의식은 저 위가 아니라 이 세상 '가운데', 인간 삶의 생생한 현실 속에서 이루려는 특징이 잘 나타나 있는 것을 본다. 즉 '중용(中庸)'을 말하고, '인(仁)'을 말하며, 사람들이 모여 사는 한가운데, 정치와 도덕과 문화와 예술이 어우러지는 인간세상에서 하늘을 실현하려는 노력을 말하는 것이다.

그는 「옹야」편 27절에서도 "중용의 덕은 지극하다. 할 수 있는 사람이 적어진 지 오래다(中庸之爲德也 其至矣乎 民鮮久矣)"라고 탄식했다. 큰 것, 절대적인 것(聖)을 꿈꾸는 사람은 많지만 바로 여기・이곳의 삶의 자리에서 인간적인 도를 지키면서 덕 있는 삶을 살아가는 사람들은 이미 오래전에 드물어졌다는 말이다. 공자는 명(命)과 (귀)신(鬼神)을 말하면서 인간이 어쩔 수 없는 영역이 있다는 것을 인정하고 공경했지만, 우리가 힘을 쏟아야 할 것은 학(學)과 예(禮)와 락(樂)의 인(仁)인 것을 강조하였고, 이것이 동아시아의 유교 전통으로 내려온 것이다.

공자는 이 「옹야」편에서 궁극을 실현하는 인간적인 길인 인을 여러 가지로 말씀하신다. 정치적으로 "군자는 곤란한 사람은 도와주지만 부자에게 더 보태어주지 않는다(君子周急不繼富)"고 했다. 이 말씀을 들으면서 나는 예수가 사람들을 잔치에 초대할 때 "갚을 것이 없는 사람들을 초대하라(눅14:12-14)"고 하신 말씀이 생각났고, 그 반대로 부자들에게는 오히려 감세해 주면서 서민들에게는 간접세를 더욱 늘려서 호주머니를 털어 가는 오늘의 한국 정치를 생각했다. 공자는 또 직(直)을 말하며 "사람의 삶은 곧아야 한다. 곧음이 없이도 사는 것은 요행히 화를 면한 것이다(人之生也直 罔之生也 幸而免)"라고 하셨다. 이 말을 들으면서 온갖 거짓을 감추고 번지르르한 말로 나라의 통치자가 된 정치인들을 생각했다. 그들은 그렇게 최고 권좌에 올랐지만 그 시간은 요행히 화를 면한 (것처럼 보인) 시간일 뿐이었고, 종국에는 그 화가 그들의 몸에 미치고 만다는 가르침이다.(이 글을 처음 발표했을 당시는 박근혜 정부 시절이었다.)

공자의 인(仁)은 배움(學)과 밀접히 연결되어 있다. 많이 배우고, 많이 알고, 많이 사색한 사람일수록 첫째, 물질에 대한 욕심을 버리고 청빈을 좋아하게 되고, 둘째, 자신의 마음을 잘 다스려서 노여움을 다른 사람에게 옮기지 않고 같은 잘못을 두 번 범하지 않으며, 셋째, 항상 마음에 기쁨(樂)이 스며 있어서 아무리 어려운 환경에서도 그 존재의 즐거움이 변치 않는다고 한다. 바로 공자의 유명한 애제자 안회(顔回, B.C.521-481)의 인격에 대한 설명이다. 그는 참으로 배우는 것을 좋아해서(好學) 다른 사람은 하루나 한 달 지속할 뿐인 인을 석 달 동안 실천하며 벗어나는 일이 없었다고 한다. 오늘 우리의 학력이 아무리 높아도 위의 세 가지 덕목을 체현하지 못했다면 그것은 학문을 하지 않은 것이고, 앎을 좋아하지 않은 것이라는 깨달음을 준다.

공자의 인(仁)은 그렇게 일상에서 잔잔한 기쁨(樂)으로, 안빈낙도의 삶으로, 공로를 자랑하지 않는 겸허함과 실질(質)과 치장(文)이 잘 조화된(文質彬彬) 참된 예(禮)의 삶으로 나타난다는 것이다. 지금으로부터 2천5백여 년 전에, 한 나라의 정치와 문화와 교육과 예술이 그렇게 인간적이고 평화로워지기를 소망하였으며, 공자는 그런 자신의 소망을 "제나라가 일변하면 노나라와 같이 될 것이고, 노나라가 일변하면 도(道)에 이르게 될 것이다(齊一變 至於魯 盧一變 至於道)"라고 표현했다. 공리주의를 내세우면서 군사와 권모술수로 패자를 꿈꾸는 제나라가 변하여 인륜과 학문으로 나라를 다스리고자 하는 노나라가 되기를 원했고, 그 노나라가 도의 나라가 되기를 소망한 것이다.

세상 사람들, 그중에서도 자기 현재의 근거가 되는 시민들의 삶을 걱정하기보다 시민들에게 걱정을 끼치는 일을 능사로 알고 시민들이 자신들의 정치 행위에 들러리나 구경꾼이 되기를 바라면서, 오히려 인(仁)의 일에서는 패악을 저지르는 정치는 참된 호학자의 나라에서는 나올 수 없는 모습이다. 공자는 그런 가운데서 우리들에게 권고하신다; "군자다운 선비가 되어야지 소인 같은 선비가 되지 마라(女爲君子儒 無爲小人儒)."

7-1. 유교 종교성의 특징

『논어』7장 「술이(述而)」1

子曰 述而不作 信而好古 竊比於我老彭.
자 왈 술 이 부 작 신 이 호 고 절 비 어 아 노 팽

공자께서 말씀하셨다. 전술하되 짓지 않으며, 옛것을 믿고 좋아하니
가만히 나를 우리 노팽에 견주어 본다.

성찰 ——

　『논어』 제7장은 「술이」편으로서 공자 삶의 뜻과 용모, 그의 행태
와 됨됨이가 생생하게 그려져 있다. 우리가 상식적으로 『논어』에서
나오는 것으로 알고 있는 많은 구절들이 주로 여기에 실려 있는데,
그래서 이 「술이」편을 두 번에 걸쳐서 성찰해 보고자 한다.

　「술이」편의 첫마디에 나오는 "술이부작(述而不作)", "(나는) 전술하
되 창작하지 않는다"는 말은 공자의 깊은 신앙심(信)을 드러내는 말
이라고 나는 우선 이해한다. 공자는 하늘(天)이 자신에게 뜻 깊은 사

명을 주었다고 믿었다. 무력과 전쟁, 남을 속이고 사람들을 현혹하는 미신을 넘어서, 인간적인 언어와 학문, 예술(樂)과 예를 통해서 참으로 인간적인 무늬(人文)가 그려지는 인간 공동체를 세울 수 있음을 사람들에게 설득하는 일을 말한다.

공자는 그런 인문의 가능성을 자신이 상상으로 지어내었거나 어떤 인위적인 근거에서, 또는 괴력난신으로 이루어낼 수 있다고 생각하지 않았다. 오히려 그 근원은 하늘(天)이며, 그것이 누구에게나 인간성의 씨앗(仁)으로 깃들어 있고, 자신 당대(춘추전국, B.C.770-221)의 혼동 이전에, 당대의 건국자(founding fathers)들에 의해서 역사적으로 정초된 일이라고 보았다(信而好古). 그중에서 특히 B.C. 11세기 주나라의 주공(周公)을 공경했던 공자는 자신의 사명이 그러한 귀한 덕의 유산을 다시 찾아내고 밝혀내어서 후대의 사람들에게 전해 주는 일이라고 본 것이다.

그래서 공자는 "하늘이 나에게 덕을 (전하라고) 주셨는데, 환퇴가 나를 어찌하겠는가?(子曰 天生德於予 桓魋其如予何)"라고 하면서 당시 그 가르침을 전하기 위해 전국을 주유하며 맞닥뜨린 생명의 위협 앞에도-환퇴라고 하는 송나라 사람이 그를 죽이려고 하자-당당히 맞서면서 하늘에 대한 자신의 큰 믿음을 드러냈다. 마치 예수가 하나님 나라를 선포하기 위해서 죽음을 무릅쓰고 과감히 예루살렘으로 입성한 것처럼, 공자는 온갖 어려움에도 불구하고 자신의 길을 포기하지 않은 것이다.

그는 인간의 문화는 칼과 거짓, 자신과 자기 세대밖에 모르는 이기주의와 찰나주의를 넘어서, 문(文)과 학(學)과 덕(德)으로 세대를 넘어서 이어지는 역사와 전승의 일이라고 믿었다. 그래서 "나는 날 때부터 아는 사람이 아니고, 옛것을 좋아하여 부지런히 힘써 구하는 사람이다(我非生而知之者 好古敏以求之者也)"라고 고백하고, "덕을 닦지 못하는 것과 학문을 강구하지 못하는 것, 의를 듣고도 능히 옮기지 못하는 것과 불선을 고치지 못하는 것이 나의 근심거리다(子曰 德之不修 學之不講 聞義不能徙 不善不能改 是吾憂也)"라고 토로하였다.

그렇게 깊은 겸허함으로 자신의 가장 좋은 것의 근원을 하늘과 자신의 수고가 닿지 않은 더 먼저의 때와 곳에 두는 공자는 그것이 그러함을 깨달아 아는 길로 바로 학문과 배움을 이야기했다. 그 일에서 인간적인 문화의 정수를 본 것이다.

그는 스스로에게 "묵묵히 새겨 두고, 배움에 싫증내지 않으며, 남을 가르치는 일에 게을리 하지 않는 것이 내게 있는가?(默而識之學而不厭誨人不倦何有於我哉)"라고 묻곤 했다. 또 제자들이 자신을 "배움을 좋아하고 분발하여 밥 먹는 것도 잊으며, 그것을 즐거워하여 근심도 잊고, 늙어 가는 것조차 알지 못하는 사람(發憤忘食 樂以忘憂 不知老之將至)"으로 알아주기를 바랐다. 공자는 그렇게 일생 동안 이치의 탐구에 몰두하였고, 인간의 선함을 전해 주기 위해서 노력했으며, 그것을 쉬지 않고 했다.

　오늘날 사람들은 모든 것을 자기 혼자 힘으로 이룬 것으로 생각하고 자랑하기를 좋아한다. 또한 먼저 이루어진 것과, 그래서 '사실(fact)'과 '역사'가 된 것도 쉽게 현재 자신의 이익과 편의와 사사로운 의견으로 마음대로 변형하고 왜곡하며 때로 지워 버리려고 한다. 그러나 그렇게 자신의 힘과 의도를 적용해서는 안 되고, 또한 궁극적으로 그렇게 될 수도 없는 영역(factual truth)이 있다는 것을 부인해서도 안 되며, 그렇게 임의적이고 주관적인 침범이 계속되고 반복될 경우 그 공동체는 지속될 수 없다는 것이다. 공동체의 구성원들 누구나가 공통으로 그들 말과 행위의 근거로 삼을 수 있는 토대와 기반이 흔들리기 때문이다.

　만약 그러한 경우 그 일이 반복되면서, 모두에게 남겨지는 삶의 유일한 추동력은 현재 자신의 이익을 극대화하려는 욕심, 스스로 아무런 수고도 하지 않았으므로 그래서 권리를 혼자서 주장할 수 없는 것도 혼자 독점하려는 불의한 충동뿐이다. 즉 그 공동체는 만인 대 만인의 싸움에 돌입하는 것이다. 오늘 한반도 주변에서 미국과 중국, 일본, 러시아 등이 더 많은 힘과 이익을 얻겠다고 서로 대치하는 21세기 신자유주의하의 동아시아 질서, 그 가운데서 오랜 공통의 역사를 가지고 있지만 서로 비극적으로 대립하고 있는 남한과 북한, 더 나아가서 온갖 역사와 사실이 조작되고 훼손되며, 힘 있는 기득권 세력의 이익 극대화를 위해서 칼과 총으로 쓰여지는 이념들이 난무하는 한반도 정치사회의 모습이 그런 형국이라고 할 수 있다.

공자는 오늘 우리 시대보다 덜하지 않았을 극심한 욕망과 힘의 각축 시대에 주관적 왜곡을 내려놓고 자신을 그 앞에 겸허히 둘 수 있는 더 궁극적인, 또는 더 근원적인 토대와 근거를 탐구하는 일이 얼마나 중요한지를 강조했다. 그래서 "내가 감히 성인과 인(仁)의 경지를 바라겠는가! 다만 노력하고 가르치는 데 싫증내지 않는다(若聖與仁則吾豈敢抑爲之不厭誨人不倦則可謂云爾已矣)"고 하면서 "세 사람이 걸어가면 그중에 반드시 나의 스승이 있다(三人行必有我師焉)"고 토로했다. 그러므로 그 자신도 "(누구든지) 배우려고 나오면 받아주고", 선생에 대한 최소한의 예를 가지고 와서 가르침을 청하면 "나는 일찍이 가르쳐주지 않은 사람이 없었다(吾未嘗無誨焉)"고 말씀하신다.

그는 "대개는 알지도 못하면서 짓는 사람이 있으나 나는 그런 일을 하지 않는다. 많이 들어서 그 가운데서 좋은 것을 골라서 따르고, 많이 보고서 그것을 기억해 두는 것은 아는 것의 다음은 간다(多聞擇其善者而從之 多見而識之 知之次也)"고 말했다. 이러한 공자의 언술에서 한 선한 신앙심의 전형을 보고, 그가 강조해서 가르쳤다는 네 가지, "글을 짓는 일과 행위와 충심과 신의(子以四敎 文行忠信)"는 오늘 우리 시대에도 꼭 다시 회복해야 하는 귀중한 덕목임을 본다. 자신은 전할 뿐이지 창작하지 않는다(述而不作)고 한 고백은 결코 그가 창조적이지 않다거나 혁신과는 거리가 먼 보수주의자일 뿐이라고 말하는 것이 아니라, 오히려 그의 참된 종교성과 신앙을 드러내는 것이라고 생각한다. 그는 결코 그 신앙과 믿음이 학문과 배움과 동떨어진 것이 아니라는 것을 보여주었는데, 나는 그것이 유교 종교성의 특징이고, 이것을 오늘의 한국 종교가 다시 회복해야 한다고 여긴다.

근대 서구 기독교 문명이 온 지구를 감싸안은 후 지나온 시간을 성찰하는 일보다는 앞으로 나아가는 것만이 더 가치있는 일로 여겨져왔고, 그것이 급기야 성장을 위한 성장, 팽창을 위한 팽창만의 윤리로 자리잡으면서 주변에 남아나는 것이 없게 되었다. 특히 한국 개신교가 그것을 부추겨왔다고 보는데, 공자의 이상과 같은 성찰적 자세와 과거의 몸적 근거와 토대에 대한 깊은 존중은 오늘 점점 더 추상화되어가고 근거없는 허황된 욕구나 환상이 믿음이라는 이름으로 전횡되는 상황에서 다시 귀히 여겨져야 한다고 본다. 공자는 "괴이한 일이나 힘, 난리, 귀신에 대해서는 말씀하시지 않았다고 한다(子不語怪力亂神)". 오늘 한국 사회에서 영(靈)과 신(神)의 이름 아래 온갖 비인간성과 성폭력, 착취가 행해지는 상황에서 공자의 이 행태가 무엇을 의미하는지를 잘 숙고해 볼 일이다.

7-2. 도(道)를 지향하는 삶

『논어』7장 「술이(述而)」2

子曰 志於道 據於德 依於仁 遊於藝(禮).
자 왈 지 어 도 거 어 덕 의 어 인 유 어 예 예

공자께서 말씀하셨다. 도(道)에 뜻을 두며, 덕(德)에 의거하고, 인(仁)에 의지하며, 예(藝/禮)에 거닌다.

성찰 ——

제7장 「술이」편 6절의 이 말씀은 보통 학문하는 사람들이 가져야 하는 마음가짐과 언행을 이르는 말이라고 풀이된다. 하지만 나는 거기서 더 나아가서 이 한 문장에 공자 전체의 삶, 유교 전체의 가르침이 핵심적으로 잘 집약되어 있다고 본다. 여기 드러나 있는 네 단어, 도(道), 덕(德), 인(仁), 예(藝/禮)는 공자가 평생 동안 숙고하고, 배우고, 가르치고, 실천하고자 한 의미들인데, 모두가 그의 깊은 내재적 초월의 신앙을 드러내주는 단어들이라고 할 수 있다.

공자는 이미 「이인(里仁)」편에서 "아침에 도를 들으면 저녁에 죽어도 좋다(朝聞道 夕死可矣)"라는 말씀을 하셨다. 이런 말씀에서 도(道)란 예수의 "진리를 알지니 진리가 너희를 자유롭게 하리라(요8:32)" 등에서의 진리와 다르지 않음을 알 수 있고, 예수가 하늘 부모님(하느님)의 뜻을 깨닫고, 행하고, 가르치고자 일생을 산 것처럼 공자도 유사하게 일생 동안 도의 뜻을 깨닫고, 실천하고, 전하기 위해 살았다고 할 수 있다. 그래서 그는 자신 인생의 출발을 "도에 뜻을 둔(志於道)" 인생이라 밝힌 것이다.

도와 하나가 되고자 하는 삶의 목표를 가지고 그 길에 들어선 호학자가 삶의 판단들에서 근거로 삼는 것이 덕이다. 유학자 류승국 교수에 따르면 도와 밀접히 관계되어 있는 덕(德) 자는 득(得, 얻은 것) 또는 직(直, 곧은 것) 자와도 통한다. 그래서 덕이란 하늘로부터 얻은 인간의 선천적 힘, 곧을 수 있는 능력, 정직하게 무엇이 옳은지를 판단할 수 있는 마음의 뛰어남 등을 말하는 것이라고 밝힌다. 즉 도를 지향하는 사람은 그렇게 하늘로부터 받은 덕에 근거해서 정직하게 판단하고 선택하면서 뛰어난 삶을 살아가는 사람이라는 말이다. 함석헌 선생은 그의 『뜻으로 본 한국사』에서 덕이란 "자기 속에서 전체를 체험하는 일"이라고 했다. 즉 덕 있는 사람이란 우리 삶이 타인과 더불어 함께 살아가는 삶이라는 것을 깨닫고, 그 의식을 전체에까지 확장해서 그에 합당한 대가를 기꺼이 치르면서 살아가는 사람이라는 뜻이다.

그렇게 인간의 삶은 옆 사람과의 관계에서 그 타인에게 속하는 것을 빼앗지 않고 그 타인이 마땅히 받아야 할 것은 그에게 돌리면서 의롭고 덕 있게 살아가야 하지만, 그 일이 쉽지가 않다. 공자는 그래서 "인(仁)에 의지하는" 삶을 말했다. 나는 이것을 우리가 실패해도 다시 상기하고 의지할 것은, 하늘로부터 받은 우리 마음밭의 인간성의 씨앗이라는 것을 지시하는 뜻이라고 해석하고자 한다. 우리는 실수하고, 실패하고, 비인간적으로 타락하며 살아가지만, 그럴 때마다 다시 속마음의 인간됨을 상기하면서 거기에 의지하여 새롭게 발분하여 도를 찾아가는 삶을 계속해 나가야 한다는 의미라는 것이다.

인(仁)은 우리가 익히 들어온 대로 인간성의 씨올이며, 얼이고, 예수의 말대로 하면 하나님의 거룩한 영(靈)이다. 앞의 덕이 좀 더 인식적이고 문화적인 성격을 띠는 것이라면 여기서 인(仁)은 더욱더 근본적이고 생래적인, 하늘로부터의 시여(施與)를 지적하는 말이 아닐까 생각한다.

마지막 단어인 예(藝)는 예술의 예(藝)나 예절의 예(禮) 모두를 포괄할 수 있다. 그렇게 하늘의 도를 추구해 가는 길 위에서 인간성의 본래적 선함에 대한 믿음을 가지고, 무엇이 옳고 그른지를 아는 곧은 마음의 가르침에 근거해서 살아갈 때, 그 현재적 삶과 인격의 정조는 조화롭고, 평화롭고, 함께함의 도리에 어긋나지 않는 아름다운 모습이 된다는 의미라고 할 수 있다. 공자 자신의 삶도 그렇고, 우리 모두의 삶과 정치가 지향하는 바도 그와 다르지 않다고 하겠다.

이러한 평화를 지향하는 공자의 일상에 대한 서술을 보면, 그는 집에서 한가하게 있을 적에는 "편안하고 화락한 듯하셨고(申申如也 夭夭如也)", 음악과 시를 아주 좋아해서 한때 석 달 동안 고기 맛을 잃을 정도로 음악에 심취하기도 하셨다. 그가 평소에 항상 하는 말씀은 『시경(詩經)』과 『서경(書經)』, 예를 행하는 일에 관한 것이었다고 전한다. 그는 상을 당한 사람 옆에서는 결코 배부르게 먹지 않았으며, 곡을 한 날에는 노래를 부르지 않았고, 물고기를 잡는데 낚시를 사용하였지만 그물은 쓰지 않았으며, 주살을 쓰기는 했으나 잠자는 새는 잡지 않았다고 한다. "인(仁)이 멀리 있겠는가? 내가 인하게 되고자 하면 그 인(仁)이 다가온다(仁乎遠哉 我欲仁 斯仁志矣)"라고 하면서 우리 삶의 평화와 기쁨이 결코 먼 데 있지 않음을 지적하신다.

러시아의 사상가 베르댜예프(N.A.Berdyayev, 1874-1948)에 따르면, 혁명의 진실은 우리 삶에 큰 독(毒)이 되는 잘못되고 부패한 과거를 부순다는 사실에 있지만, 그러나 그러한 극단적인 방법론은 지극히 "평균적 인간에 의해서 평균적 인간을 위해서 만들어지는 것"이라고 밝힌다. 즉 혁명을 통해 얻어지는 소득은 그것이 시행되면서 야기되는 커다란 공포나 무자비한 폭력에 비하면 너무도 작은 것이라는 의미이다. 그 이유는 혁명이 인간 정신의 노예성에 대한 진정한 승리에 대해서는 모르기 때문이다.(니콜라스 A. 베르댜예프, 『노예냐 자유냐』, 이신 옮김, 늘봄, 2015) 나는 이 이야기를 들으면서 공자의 길을 생각했다. 그는 혁명의 방법론보다는 인간 정신의 노예성을 진정으로 바꿀 수 있는 덕과 인의 길을 생각했고, 그것이 자신이 제안하고 실행하고자 하는 고유한 길이라고 여긴 것이다.

일반적으로 서구 기독교의 예수의 길은 그러한 공자적 학(學)과 공부와 성찰의 길과는 다르다고 여긴다. 하지만 예수가 행한 시대를 흔드는 히브리 성서 해석의 말씀과 그가 전해 주는 복음이 그의 깊은 하나님 말씀 탐구와 기도와 무관하지 않았을 것이라고 생각한다. 그리고 공관복음서에서 끊임없이 '가르친다'는 표현으로 그의 공적 삶의 활동들을 묘사하는 글이 의외로 많이 나오는 것을 발견한다.

공자는 하늘의 뜻과 도를 알기 위해서 역(易)을 공부하면서 그 책을 묶은 가죽 끈이 세 번이나 끊어졌다는 이야기가 전해지고, 돌아가시기 3년쯤 전에 "몇 해만 나에게 시간이 더 있다면 50년의 역(易) 공부가 되어서 큰 허물을 저지르지 않게 될 것(加我數年 五十以學易 可以無大過矣)"이라는 탄식도 하셨다.

그렇게 전해진 것과 그 전해짐의 기원이 하늘에까지 닿는 것으로 믿고 탐구해 온 귀한 '인자(人子: 사람의 자식)'들의 삶 덕분으로, 우리는 지금까지 인류 문명에서 끊임없이 행해져 왔음에도 불구하고 다시 인간됨의 핵심과 그 문화의 갈 길을 탐색하는 일을 그치지 않는다. 그중의 한 으뜸인 공자는 그의 온 삶이 하늘에 대한 기도와 기원이었던 것을 다음과 같이 표현한다: "내가 몹시도 쇠약해졌구나! 내가 꿈에 주공을 뵈옵지 못한 지도 오래되었구나!(甚矣 吾衰也 久矣 吾不復夢見周公)" 공자의 병이 심해지자 제자 자로가 하늘과 땅의 신에게 기도드릴 것을 권하자 그는 말하기를, "내가 그런 기도를 드려 온 지가 오래다(丘之禱久矣)"라고 했다. 공자는 "군자는 마음이 평탄하고 너그럽지만 소인은 늘 근심에 차 있다"라고 하셨고, "너희들은 내가 감추는 것이 있다고 생각하느냐? 나는 감추는 것이라곤 없다. 나는 무엇을 행하든 너희들과 함께하지 않는 것이 없다. 그것이 곧 나다(二三者以我爲隱乎 吾無隱乎爾 吾無行而不與 二三子者 是丘也)"라고 선언하신다.

오늘 세계 여러 나라의 지도자들과 위정자들이 온통 비리와 비밀과 의혹에 휩싸여서 조금만 건드려도 비인간적인 것이 드러나는 시대, 우리의 위정자들에게 공자의 이러한 인격과 가르침은 참으로 진정한 신앙(信)과 혁명이 무엇인지를 가르친다. 그의 가르침에 따르면 덕 있는 사람은 "의 아닌 것으로 얻는 부와 귀는 뜬구름과 같은 것(不義而富且貴於我如浮雲)"이라는 사실을 안다.

8. 새로운 인간 삶의 모형

『논어』8장 「태백(泰伯)」10

子曰 好勇疾貧 亂也 人而不仁 疾之已甚 亂也.
자 왈 호 용 질 빈 난 야 인 이 불 인 질 지 이 심 난 야

공자께서 말씀하셨다. 용감한 것을 좋아하되 가난을 싫어하면 난을
일으키게 되고, 남이 인간답지 못한 것을 너무 미워해도 난을 일으키
게 된다.

성찰 ──

『논어』 제8장인 「태백」편을 읽으면서는 공자가 사셨던 춘추전국
시대의 요동치는 정치 상황과, 그로 인해 사람들의 삶이 얼마나 힘들
었을지를 잘 그려볼 수 있다. 공자는 그런 상황 속에서 어떻게든 삶과
정치의 새로운 대안을 찾고자 고투하였다. 전해 오는 옛 글과 역사를
탐구하면서 거기서 새로운 인간 삶의 모형을 찾는 일도 그중의 하나
였다. 예수가 하나님 나라 선포의 일을 여러 형태로 행하면서 유대의

전해져 오는 경을 읽으며 기도하고 성찰한 것과 크게 다르지 않다.

이 편의 이름이 된 '태백'은 B.C.12-11세기경 은(殷)나라를 멸망시키고 주나라로 통일을 이룬 문왕(文王)의 큰아버지라고 한다. 당시 왕권은 장자 상속이었는데, 태왕의 큰아들이던 태백은 자신들 세 형제 중 셋째인 계력의 아들(문왕)이 매우 뛰어난 것을 보고 그가 왕이 되도록 하기 위해서 자신의 동생도 설득하여 셋째에게 왕권이 가도록 했다. 결국 거기서 문왕과 무왕이 나와서 주(周)나라로 통일을 이루게 한 공덕자가 된 것이다. 그렇게 세 번씩이나 자신을 버리면서 천하를 물려받기를 사양했지만, 그 공덕이 잘 알려지지 않아서 백성들이 그 덕을 칭송할 길 없다고 공자께서 애석해하는 이야기가 이 편의 첫 이야기이다(泰伯其可謂至德也已矣. 三以天下讓 民無得而稱焉).

2015년 4월 3일《한겨레신문》에 "아침이슬, 그 사람-이진순이 만난 학전 대표 김민기"라는 긴 인터뷰 기사가 실렸다. 이 인터뷰를 담당했던 이진순 씨는 그가 '아침이슬'이 담긴 데뷔 앨범을 낸 것이 만스무 살 때였고, 당시 환갑을 훌쩍 넘긴 나이까지 그 험한 시대를 치열하게 살아왔으면서도, "어떻게 이 남자는 괴물과 싸우면서도 괴물이 되지 않을 수 있었는지 알고 싶었다"고 말문을 열었다.

거기에 대한 대답으로 볼 수 있을까? 김민기 씨는 재미있는 이야기를 한다. 그는 보안사 취조실에 끌려가서 죽도록 맞고 의식이 희미해지면서도 드는 생각은 오히려 그 때리는 사람들에게 한없이 미

안했다고 한다. 그리고 그 이유는 그들이 "나 때문에 죄를 짓고 있구나"하는 생각이 들어서였다고 밝힌다. 그는 "나중에 운동권 애들한테도 그랬어. '너무 미워하지 마라. 미워하면 걔 닮아 간다.' 나중에 보니까 박정희 무지하게 미워하던 놈들이 박정희 비슷하게 되더라고. 내 참, 별 얘기까지 다하네" 라고 하였다.

여기서 우리가 선택한 「태백」편 10절에서 공자도 비슷한 말씀을 하신다: "다른 사람이 인(仁)하지 않은 것을 지나치게 미워해도 그런 사람이 나중에 스스로 난을 일으키게 된다는 말씀이다." 여기서 '난(亂)'은 여러 가지로 해석될 수 있겠다. 대체로 그 뜻은 차마 인간으로서 해서는 안 되는 일을 하는 것, 폭력이나 이기적인 모반, 배신 등을 통해서 주변의 사람들을 상하게 하고, 죽게 하고, 혼란과 비참에 빠지도록 하는 일 등을 말한다고 할 수 있다. 그렇다면 자신이 겪은 악과 불의를 미워하고 더불어 싸우되 스스로의 인간성을 잃지 않는 것이 어떻게 가능할까? 이것은 어쩌면 2014년 4월 16일 세월호 참사를 겪은 한국사회에도 간절하게 던지는 질문인데, 공자의 인(仁)의 정치는 그런 가운데서도 인간다움의 방식이 무엇인가를 찾고자 하는 고투라고 할 수 있다.

공자는 이 일에 있어서 또한 과감히 앞으로 나아가는 '용기'가 매우 중요하지만 그런 사람이 만약 "가난을 싫어하면" 그도 역시 나중에 난을 일으킬 위험이 있다고 지적하신다. 공자는 12절에 다시 이

렇게 말씀하신다: "삼 년을 공부하고도 녹(俸祿)을 바라지 않는 사람을 쉽게 얻지 못하겠다(三年學 不志於穀 不易得也)." 이 말씀은 그때나 지금이나 배움의 목적과 성과가 쉽게 부나 지위 등의 물질적 보상과 관계되는 것을 말한다. 당시 3년이라는 기간이 오늘과 비교해서 어느 정도가 되는지는 정확히 가늠하기 어렵지만, 이렇게 배움과 공부가 인간성의 양성과 먼저 관련되기보다는 물질적인 보상이나 지위와 성급하게 연결될 때 공동체의 타락이 심해짐을 지적하신 것이다. 오늘 한국사회에서의 교육, 특히 고등교육의 타락은 극심하여 공자가 한탄한 이 이야기가 그대로 적용되는 것 같다.

공자는 중국 고대 하나라의 창시자 우(禹) 임금을 칭송하시면서 그는 스스로는 보잘 것 없는 음식과 허름한 옷, 허술한 궁실에서 살았지만, 귀신에게는 효를 다하고 제사지내는 일에 정성을 다하며 백성들의 농사를 위한 봇도랑을 파는 일에는 최선을 다했으므로 흠잡을 데가 없다고 하셨다. 여기에 반해 오늘 한국의 정치가들은 그들 스스로가 이미 부자들인 경우가 많고, 국회의원 회비 등이 계속 논란이 되듯이 그들이 누리는 높은 명예에도 불구하고 물질적 보상과 사적 삶의 안락을 취하는 일로부터 자유롭기가 여간 어렵지 않다. 공자가 이렇게 정치와 부, 공부와 물질이 긴밀히 연결되어 있는 상황을 보셨다면 지금의 시대는 난세 중에서도 난세라고 지적하셨을 것이다.

그렇다면 이렇게 난세를 당하여 점점 더 탐욕스러워지고 악착같

아지는 우리의 성정(性情)에 어떻게 하면 고삐를 맬 수 있을까? 공자는 "지도자의 가족적 삶이 신실하면 민중들의 인간성이 고양되고, 오래된 것을 귀히 여기고 함부로 버리지 않으면 사람들이 각박해지지 않는다(君子 篤於親則民興於仁 故舊不遺則 民不偸)"고 하셨고 또한 "시에서 (바른 정서를) 일으키고, 예(禮)에서 서며, 악(樂)에서 이루는(興於詩 立於禮 成於樂)" 방도를 이야기하셨다. 앞에서 든 가수 김민기 씨가 오랫동안 괴물과 싸워 왔으면서 괴물이 되지 않은 이유가, 그런 가운데서도 그가 시를 쓰고 노래를 부르며 10남매의 막내로 독실한 인간관계 안에서 살아왔기 때문이 아니겠는가? 라고 생각해 볼 수 있다. 공자는 그 난세 중에서도 시와 예와 악을 함께 말하였고, 그것과 함께 가는 길이 인간다운 길이라고 지적하셨다.

그 문하의 증자(曾子)는 "우리 인생의 임무는 인(仁)을 이루는 일(仁以爲己任)"이고, 그 일은 죽은 뒤에라야 그만두는 것이므로 "짐이 무겁고 길이 멀기 때문에(任重而道遠)" 우리의 "도량을 넓게 하고 의지를 굳게 해야 한다(弘毅)"고 말씀하셨다. 우리도 그렇게 도량이 넓고 의지가 굳은 사람이 되어서 우선 공자의 사랑하는 제자 안회가 그랬다는 것처럼 "남이 나에게 해를 끼쳐도 (일일이) 따지지 않는 사람(犯而不校)"이 되면 좋겠다. 조그마한 손해와 억울함에도 쉽게 화내며 싸우려고 하는 우리 자신의 모습이 매우 부끄럽다.

9. 죽음의 고비에서 피어난 희망

『논어』9장 「자한(子罕)」21

子曰 苗而不秀者 有矣夫 秀而不實者 有矣夫.
자 왈 묘 이 부 수 자 유 의 부 수 이 부 실 자 유 의 부

싹이 났으나 꽃을 피우지 못하는 것도 있고, 꽃은 피웠으나 열매를
맺지 못하는 것도 있다.

성찰 ——

2015년 4월 16일은 세월호 참사 1주기였다. 시청 광장에서 7만여
명이 모이는 항의 집회가 있었고, 17일은 '세상에서 가장 슬픈 도전'
4,475명의 인간촛불이 기네스북 세계기록을 세우는 행사가 있었다.
18일에는 다시 시청에서 전국 집중 범국민대회가 열렸지만 경찰들
에 의해 대회 도중 광화문 앞에 유폐되었던 유족들과 함께하기 위해
우리는 광화문으로 나섰고, 이 가운데서 16일과 유사한 형태로 막혀

있던 거대한 경찰 차벽을 뚫고서 민중들은 유족들과 합세했다.

우울한 나날들이었다. 1년 전 피지 못한 수많은 생명 꽃들을 바다 가운데 수장하고서도 변한 것이 없이 시간이 흘러갔다. 바로 그 1주기의 날에 박근혜 대통령은 휜한 목을 드러내놓고 유족들이 모두 외면하고 떠나 버린 팽목항의 어느 자리에서 담화문을 발표하고 콜롬비아로 향했다.

글을 쓸 힘이 남아 있지 않아서 돌아보지 않다가, 다시 책상 앞에 앉았다. 지난 번의 「태백」편에 이어서 「자한」편(子罕틀, '공자께서 드물게 말씀하신다'는 첫 절에서 유래된 이름)인데, 이러한 우리의 형편을 잘 읽어주는 글들이 눈에 뜨인다. 공자는 오십 세가 되어서 "하늘의 뜻을 알게 되었다(知天命)"고 고백하였고, 육십 세가 되어서는 "어떤 말을 들어도 잘 용납할 수 있는 귀를 가지게 되었다(耳順)"고 하셨다. 그러나 그럼에도 불구하고 이후 그의 삶은 결코 더 평탄해지지 않았고, 반복되는 죽음의 고비와 가까운 사람들의 떠나감, 자신의 꿈과 소망이 살아생전에는 이루어질 것 같지 않은, 그러므로 시간 없음을 깊이 느꼈다.

부인과 아들 리(鯉)의 죽음을 겪은 후, 참으로 사랑하던 제자 안회(顔回, B.C.521-481)의 요절을 겪고서 공자는 위의 시로 자신의 마음을 드러냈다고 주석가들은 풀이한다. "싹은 돋았으나 꽃을 피우지 못한 경우도 있고, 꽃은 피었으나 열매를 맺지 못하는 경우도 있다." 세월호의 아이들도 그런 경우라고 할 수 있고, 우리 개인의 삶에서도 아침 기도시간마다, 아니 삶을 새롭게 다짐하면서 새로 세운 계획과 떠오른 생각들, 용기로 다짐한 일들이 얼마나 자주 열매 없이 스러지는가를 우리는 잘 경험한다.

그런 가운데서도 시간은 흐른다. 세월호의 아이들이 차가운 물속에서 죽어 가면서 얼마나 간절하게 구조를 기다렸을까를 생각해보다가 2015년 2월에 돌아가신 엄마가 다시 생각났다. 그 긴 시간을 요양원에 홀로 누워서 얼마나 간절히 자식들이 찾아와주기를, 집으로 돌아가기를, 아니 그 모든 고통에서 벗어나기를 구하셨을까를 생각하면 흐르는 눈물이 멈추지 않는다. 그리고 그런 고통을 야기했고, 다르게 행동하지 못한 나와 우리 사회와 국가, 정부와 대통령이 한없이 원망스러워졌다.

공자는 여기서 시냇가에 나와 다음과 같은 말씀도 하셨다: "가는 것이 이와 같구나! 밤낮을 그치지 않는구나!(子在川上曰 逝者如斯夫 不舍晝夜)" 이때 공자는 끝없이 흐르는 냇물을 보면서 많은 생각을 하셨을 것이다. 흐르는 물처럼 모든 것이 지나가는 것을 새삼 받아들이셨는가? 이 「자한」편에 다음과 같은 말씀도 들어 있다: "공자께는 네 가지가 없으셨으니, 사사로운 뜻(意)이 없었고, 반드시(必)라는 것이 없었으며, 고집(固)하는 것이 없었고, 나(我)라는 것이 없었다(子絶四 無意 無必 無固 無我)."

이것이 공자의 유명한 '사무(四毋)'인데, 이러한 지경으로 자아와 절대로부터 벗어난 그이지만, 한편으로 그는 죽는 순간까지 자신의 명(命)을 믿었고, 그것이 펼쳐질 수 있기를 소망했다. 그래서 "봉황새도 오지 않고, 황하에서 도판도 나오지 않으니 나는 그만인가 보구나!" 하고 한탄하기도 했지만 끝까지 자신을 '값을 아는 구매할 사람을 기다리고 있는 아름다운 옥(美玉)'에 비유하면서 자신의 도에 화답할 명군현신(名君賢臣)을 고대했다.

공자는 그러면서 "내가 아는 것이 있는가? 아는 것이 없다. 그러나 비천한 사람이 있어 나에게 묻는다면 그것이 아무것도 아니라 할지라도 나는 처음부터 끝까지 성의를 다해 가르쳐준다(吾有知乎哉 無知也 有鄙夫問於我 空空如也我叩其兩端而竭焉)"고 할 정도로 가르치는 일에 열과 성을 다했다.

또한 그는 가르치기를, "비유컨대 산을 쌓아 올리는데 한 삼태기의 흙이 모자라서 이루지 못하고 그쳤더라도 그것은 스스로가 그친 것이다. 비유컨대 땅을 고르는데 비록 한 삼태기의 흙을 가져다 부었더라도 진척되었다면 그것은 스스로가 진척시킨 것이다(譬如爲山 未成一簣 止吾止也 譬如平地 雖覆一簣 進吾往也)"라고 하면서 결코 시대나 명을 탓하지 말고 각자가 주체적이고 자발적인 행위자로 살 것을 강조했다.

그렇게 온갖 역경과 어려움에도 불구하고 가르치고, 배우고, 행위하는 일에서 포기하지 않았던 공자에 대해서 그의 제자 안회는 "(선생님의 도는) 우러러보면 볼수록 더욱 높고, 뚫어보면 볼수록 더욱 굳어지고, 앞에 계시는 것 같더니 홀연히 뒤에 서 계신다(仰之彌高 鑽之彌堅 瞻之在前 忽焉在後)"라고 감탄했다. 안회는 그 스승이 어떻게 글로써 자신들의 앎을 넓혀주고(博我以文), 예로써 행동을 단속해 주었는지(約我以禮)를 고백했다.

그런 공자가 "구이의 땅"에 가서 살고 싶어 하셨다고 하셨다(子欲居九夷). 거기에 대해서 "누추하다는데 어찌하시렵니까?" 하자, 공자는 "군자가 거하니 무슨 누추함이 있겠느냐?(君子居之 何陋之有)"고 대답하였다는데, 이런 대화에 대해서 예전부터 한국 사람들은 여기서 구이의 땅이란 한민족인 동이족(東夷族)이 사는 곳을 말하고, 그래서 한민족의 나라를 공자도 가서 살고 싶어하는 도와 예의 군자국이라고 풀어 내곤 했다.

동양 최고의 지리서로 4200여 년 전에 저술된 『산해경(山海經)』에 따르면 그 군자국은 '근화향(槿花鄕)', 즉 무궁화(無窮花)의 나라를 말하는데, 즉 영원히 지고 또 피어서 지지 않는 꽃의 나라라는 의미로 해석된다. 그런데 그렇게 군자국으로 불리기를 좋아하는 나라에서 세월호 참사와 같은 대참사가 일어났고, 그 후 1년의 시간 동안 더없이 비인간적인 모습을 보여주었으니, 이러한 불일치와 모순을 어찌할 것인가? 영원히 지고 또 피어서 지지 않는 꽃이라는 꽃말에서나

위로를 찾아볼 수 있을까? 그래서 또 기다려 보아야 하는가?

공자는 요절한 제자 안연에게 "애석하다. 나는 그가 앞으로 나아가는 것은 보았으나 머물러 있는 것은 보지 못했다(惜乎 吾見其進也 吾未見其止也)"고 했다. 그런 공자가 가서 살고 싶어했던 나라에 사는 우리들이니만큼, 오늘 우리에게 지금의 이 모순과 비인간성에도 불구하고 어떠한 하루의 나아감(日步)이 있었는지를 또 다시 반성해 볼 일이다.

이 편의 마지막 부분에서 우리는 이미 우리에게 잘 알려져 있는 다음과 같은 두 가지의 말씀을 듣는다. 먼저, "날씨가 추워진 뒤에야 소나무와 잣나무가 뒤늦게 시드는 것을 안다(歲寒然後 知松栢之後彫也)"는 말씀이고, 다른 하나는 "지혜로운 자는 의심하지 않으며, 인한 자는 근심하지 않고, 용감한 자는 두려워하지 않는다(知者不惑 仁者不憂 勇者不懼)"는 말씀이다. 유교 문명 속에서 수많은 사람들의 좌절과 인내의 시간을 이끌었던 세한도(歲寒圖)의 근거가 되고 참된 인간의 세 가지 덕목인 지 · 인 · 용(智 · 仁 · 勇)이 밝혀진 곳, 이러한 자한편의 말씀으로 다시 힘을 얻는다.

10. 종교·전통·권위의 삼중주

『논어』10장 「향당(鄕黨)」1

孔子於鄕黨　恂恂如也　似不能言者　其在宗廟朝廷　便便言
공 자 어 향 당　순 순 여 야　사 불 능 언 자　기 재 종 묘 조 정　변 변 언

唯謹爾.
유 근 이

공자께서 향당에 계실 때는 공손해서 말할 줄 모르는 사람같이 하셨

고, 종묘와 조정에 계실 때에는 사리를 따져서 말씀하시되 다만 신중

하셨다.

성찰 ——

이 편의 이름이 연원된 '향당'이란 가족과 친척들이 사는 고향마을

을 가리킨다. 이 편은 공자의 어록이 아니라 그가 어떻게 향리에서

일상생활을 해 나갔는지, 고향마을에서 윗사람과 아랫사람, 친척과

동료들, 어려운 이웃들과 지내시던 모습, 그리고 공적 인물로서 나라

의 권위와 당시 위정자들과는 어떤 자세로 임하셨는지 등을 볼 수 있

다. 또 그의 의식주 생활과 재산에 대한 의식 등도 나타난다.

일찍이 서구 중국학자 후레드릭 W. 모트는 유교종교성의 핵심은 지난 2천5백여 년의 시간 동안 공자를 신성화하려는 무수한 시도에도 불구하고 그가 여전히 인간으로 남아 있다는 사실에 놓여 있다고 갈파하였다. 이 편에서 우리는 그의 섬세한 인간성과 그가 어떻게 하늘에 연원을 둔 것으로 강조한 '인간다움(仁, 禮, 德)'을 자신의 구체적 일상의 삶으로 체현하고 살았는지를 읽을 수 있다. 그의 인격 속에 깊이 내재화된 초월을 말하는 것이다.

잘 알다시피 성장해서 세상에 이름을 드날린 사람들이 처신하기 제일 어려운 곳이 어린 시절을 보낸 향리이다. 부모형제와 친척들이 살고 있고, 미약했던 어린 시절을 아는 이들이 사는 곳에서는 아무리 현재의 지위와 성취가 뛰어나다고 해도 함부로 할 수 없다. 그것이 인간다움이다. 공자는 그 향리에서는 마치 말할 줄 모르는 사람처럼 절절매며 공손히 행동하였다고 한다. 의례(儀禮)의 전문가로서 조정의 일을 함께 논하는 자리에서는 신중하게 사리를 분명하게 따져서 말씀하였지만, 향리에서의 그는 달랐다.

향리에서는 특히 '나이(長幼有序)'가 중시된다. 그는 마을 사람들과 술을 드실 적에는 지팡이를 짚은 노인이 나간 뒤에라야 나갔다고 한다. 물론 나이에 대한 이 존중의 정신이 후에 우리나라를 비롯한 유교문화권에서 많이 변질되고 타락하기도 했다. 하지만 오늘날 심지어는 가까운 관계에서도 사람들과의 관계와 자리매김이 온통 후천적으로 이룬 업적과 능력 위주가 되다 보니, 이 보편적인 준거인 나이의 의미가 다시 새롭게 다가온다. 그래서 맹자도 인간 삶의 '의(義)'를 한마디로 "경장(敬長)"이라고 하면서 이 오래된 것(나이)에 대한 존숭이 깨어진 사회에서는 인간 삶의 정의가 바로 설 수 없다고 지적하였다. 자신의 탄생과 성장을 있게 해 준 오래된 것(長)을 무시하는 사람이 현재의 존재들을 무시하지 않고 존중하기를 기대하기는 어렵다고 보았기 때문이다.

이 「향당」편에는 공자가 조정에서 공적 인간으로서 윗사람과 더불어 대화할 때와 자신과 동급의 사람과 관계할 때, 그리고 특히 나라의 최고 권위(임금)와 응대할 때 어떻게 하셨는가가 두루 그려져 있다. 윗사람과 더불어는 "정중하고 조리 있게(誾誾如也)", 동급의 장관들과는 "기탄없이 강직하고 화기애애하게(侃侃如也)", 그리고 당시 공동체 삶의 최고 구심점이었던 임금, 그의 권위에 대해서는 "지극히 공경스럽고 삼가는 태도(踧踖如也 與與如也)"를 보였다고 누누이 이야기한다. 예를 들어 임금의 명에 따라 손님을 대접할 때면 얼굴빛을 엄숙히 하고 발걸음을 빨리했고, 대궐문을 들어갈 때나 외교사절로 군주의 권위를 상징하는 규(圭, 임명장)를 잡고 있으면 몸을 굽혀 마치 감당하지 못하는 모습이었고, 임금이 오라고 명하면 수레가 준비되는 것을 기다리지 않고 떠났다고 한다.

임금에 대한 이러한 극진한 섬김을 보고서 당시 사람들조차 아첨이라고 오해하기도 했지만, 그러나 사실 공자가 공직에 있을 당시 노나라 제후 정공(定公)은 정치 개혁의 뜻만 있었지 실권은 없었다고 한다. 실제 권력자는 계씨(季氏)였는데, 공자는 이 권력자에게는 자주 비판을 가했지만, 나라가 인간다운 공동체로 돌아오기 위해서는 모든 사람이 인간적인 뜻으로 섬기는 권위가 다시 굳건히 서야 한다고 생각했기 때문에 그 임금 정공에게는 지극한 공경을 표한 것이다.

다시 말하면 그는 당시 몇몇 힘 있는 집안의 사적 욕망 때문에 무너져 내린 공적 영역과 권위를 다시 세우고자 한 것이고, 그 바르게 세워진 공적 영역과 권위로써만이 더 많은 사람들이 지속적으로 인간다운 삶을 살수 있다고 생각한 것이다. 당시 임금의 권위는 오늘 민주사회에서의 '법'과 같다고 하겠는데, 그것(法)이 힘 있는 권력자나 정당, 부자나 법을 다루는 사람들의 사적 욕망과 이익 추구를 위해 유린될 때 어떤 결과가 오는지를 알기 때문이다.

하지만 공자는 사적 영역에서는 편안하고 소탈한 사람이었고, 그러면서도 분명한 자신만의 취향과 규모를 드러냈다. 옷 색깔과 종류를 때에 따라 분명히 달리 했고, 평상시 옷은 조정에 나갈 때와 제의 때와는 달리 반드시 간편하게 했고, 특히 쓰는 일이 많은 오른쪽 소매는 실용적으로 짧게 잘랐다고 한다. 음식에서도 분명한 취향을 드러냈는데, 음식의 빛깔과 모양도 중요한 요소였고, 제철 과일과 생강을 즐겨 먹었으며, 먹는 고기 양이 주식 양보다 많지 않게 한 일, 술은 감당할 수 있을 정도로 즐겼던 일, 특히 육식을 할 때 조심한 일 등을 전한다.

공자가 고향에서 나이를 돌아보지 않는 경우는 바로 상을 당한 사람을 만났을 때인데, 그는 상복을 입은 사람을 만나면 비록 친밀한 사이라도 반드시 안색을 예에 맞게 바꾸고 상반신을 굽혀 예를 표했다고 한다. 또한 면복을 입은 사람(공직을 수행하는 사람)과 맹인을 만나면 자주 만나는 사이라도 꼭 예모를 갖추었으며, 다른 나라에 있는 사람에게 안부를 전할 때는 그 심부름하는 사람에게 두 번 절을 해서 배웅했다고 한다. 친구가 죽었는데 의지할 곳이 없으면 "내 집에 빈소를 차리라"고 하였고, 마구간에 불이 났을 때 돌아와서 묻기를, "사람이 다치지는 않았느냐?" 할 뿐이었다고 한다.

이렇게 공자의 배려심과 인간 사랑의 마음은 섬세했다. 공적 영역에서는 한없는 존중과 위엄, 강직한 책임감을 보였고, 향리의 윗사람은 따뜻한 공경심과 친밀감으로 대하였으며, 어려움을 당한 이웃과 친지들은 연민과 생명 존중의 마음으로 일관한 것은 공자의 높은 인격성을 잘 보여주는 모습들이다. 그런데 이러한 인격성은 그의 깊은 신앙심과 다른 것이 아니라고 생각한다. 그는 상례나 제례를 참으로 중시했다. 제사에 쓰인 음식은 특히 경건하게 다루었고, 자연의 변화 속에서도 초월의 힘을 감지했다. 별안간 천둥이 치거나 바람이 세계 불면 반드시 안색이 변했다고 한다. 마을 사람들이 '나례(儺禮, 연말에 전염병을 몰아내고자 지내는 공동체적 연극적 제의)'를 지낼 때면 예복을 갖추고 함께 참여했고, '태묘(太廟, 노나라 시조인 주공을 모신 사당으로서 가장 중요시됨)'에서 제사를 지낼 때면 아무것도 모르는 듯이 매사를 물으며 전전긍긍하는 공경심으로 임했다고 한다.

이렇게 공자의 종교성은 일상 속에 체화되어 있다. 그에게서 공적 영역과 사적 영역은 인간성(仁)으로 일관되게 관통된다. 오늘 한국 기독교에 이러한 종교성과 영성이 시사하는 바가 크다. 말로는, 겉으로는 종교가 크게 번창했지만 실제 삶에서는 무신론자처럼 물질주의자로 살아가는 우리 현실에서 이런 일상적 삶의 영성은 많은 가르침을 준다. 예전 유교 선비들의 권위는 결코 어떤 외적인 성직 등에 의해서 주어지는 것이 아니라 인격적 수양에 의해 자연스레 우러나오는 권위였는데, 오늘 기독교회의 경직되고 부패한 성직 제도가 곰곰이 생각해 볼 일이다.

현대 여성 정치철학자 한나 아렌트는 한 공동체의 번성과 안녕을 위해서 "종교, 전통, 권위"의 삼중주가 살아 있어야 한다고 했다(한나 아렌트, 『과거와 미래 사이』, 서유경 옮김, 2005, 푸른숲). 종교가 살아 있고, 전통을 통해서 전해져 온 것과 오래된 것이 존중받고, 그래서 누구나 함부로 할 수 없는 권위가 있다는 것을 인정하고 살 때 그 공동체의 삶이 오래 지속될 수 있다는 것이다. 인간 문화의 지속성을 위한 참다운 "보수(conservatives)"의 필요성을 말하는 것인데, 문제는 이러한 참다운 보수, 사적 욕망으로부터 자유로운 진정한 보수를 우리가 어떻게 이루어내는가 하는 것이다. 정치와 종교는 둘이 아니고, 보수는 무조건 그른 것이 아님을 지적해 주는 지혜이다.

오늘 한국 사회에서 보여지는 것처럼 보수라는 말을 듣는 사람일수록 자기 개인의 일에만 관심하고, 사적 영역에 함몰되어 있는 모양새는 참으로 드문 것이라 하겠는데, 예를 들어 공자가 당시는 지금보다 훨씬 더 강한 신분사회이고 빈부격차가 심했을 터이지만 "친구가 죽어서 돌아갈 곳이 없으면 '우리 집에 빈소를 차리라'고 했다(朋友死無所歸曰於我殯)"는 것을 들으면 무어라 할 것인지 궁금하다. 공자는 자신의 사적 재산이 아니라 한 공동체가 인간다운 공동체가 되기 위해서는 어떠한 경우에도 지키고 간직해야 하는 인간적인 삶의 보편성이 있으며, 그것을 지키려고 한 참다운 보수주의자였다고 할 수 있겠다.

11. 따뜻한 인간성의 회복

『논어』 11장 「선진(先進)」 18

子曰 回也其庶乎 屢空 賜不受命 而貨殖焉 億則屢中.
자왈 회야기서호 누공 사불수명 이화식언 억즉누중

공자께서 말씀하셨다. 회(공자의 제자 안연)는 거의 도(道)에 가깝게 도
달했으나 자주 끼니를 굶었다. 사(공자의 제자 자공)는 명(命)을 그대로
받아들이지 않고 재산을 불렸으나 예측하면 자주 적중했다.

성찰 ——

우리 사회에서 정의 문제는 어제 오늘의 문제가 아니지만, 그런
가운데서도 해방 이후 한국사회가 역동성을 잃지 않은 이유는 개천
에서 용났다라는 말이 무색하지 않게 교육을 통한 신분 이동이 가능
했기 때문이다. 하지만 최근 들어서는 그것이 거의 불가능해졌다는
연구들이 속속 나오고 있다. 이렇게 교육 정의가 훼손되는 것이 참
으로 염려스러운 것은 그를 대신하는 교육 불의는 그 악영향이 세대

를 이어 지속되는 문제이기 때문이다.

이러한 가운데 이번에 성찰하고자 하는 「선진」편은 『논어』후반부의 첫장에 해당하는데 공자와 그 제자들의 이야기를 주로 다루고 있다. 스승 공자를 중심으로 당시에는 보기 드문 공부 공동체를 이루고 살았던 공문가(孔門家)의 모습을 살펴볼 수 있고, 거기서 각 구성원들의 인격적 특성과 그들의 달란트(재능), 일솜씨를 공자가 어떻게 평가했고, 서로 어떻게 삶과 가르침을 나누었는지를 엿볼 수 있다.

「선진」편의 이름이 연원된 1장에서 공자는 "선진(先進, 선배)들이 예악(禮樂)을 행한 것은 야인(野人) 같았고, 후진들이 예악을 행한 것은 군자(君子) 같다고들 한다. 그러나 만일 내가 예악을 행하게 된다면 나는 선진들을 따르겠다"고 말한다. 여기서 예악이란 오늘날로 하면 인문학에 해당될 것이다. 즉 한 공동체가 인간다운 삶과 문화를 이루기 위해서 필요로 하는 기초적인 자유 교양 공부를 말한다. 그런데 여기서 공자가 야인과 군자를 대비시킨 것에 착안해 보면, 공자 시대에도 이미 예악(인문학) 공부가 어떤 특별한 직위와 직업(군자)으로 보상되지 않으면 안 되는 식으로 생각되었던 것 같다. 하지만, 인문학 공부는 그런 직위나 직업을 위한 것이 아니라 모두의 일상과 보편적 인간성을 위해서 있는 것(야인)이라는 공자의 지적이라고 할 수 있다.

그런 의미에서 사람들이 요즈음 대학에서는 인문학이 사라지고,

대신 사회에서는 횡행한다고 비난조로 이야기하지만 나는 엄밀한 의미에서 보면 그러한 전개가 잘못된 것이 아니라고 여긴다. 왜냐하면 이제 인문학을 더 이상 어떤 구체적인 호구책을 마련해 주는 공부나 학문을 전업으로 하는 사람들만의 전유물이 아니라 인간 누구나 사람으로서 마땅히 해야 하는 공부로 생각한다면, 오늘의 대학이 전문적인 직업 훈련소가 된 마당에서 인문학이 그러한 대학으로부터 탈(脫)하는 것이 자연스럽기 때문이다. 그런 의미에서 인문학 공부를 통해서 여전히 교수라는 직업을 보유하고 있는 일이 점점 더 불편한 것이 되었고, 그래서 빨리 야인으로 돌아가고 싶었다. 인간이 인간 되는 공부를 '전공'으로 해서 '이득(利)'을 취한다는 것은 참으로 우스운 일이라고 생각했다.

표제문으로 삼은 18절에는 공자의 두 제자 모습이 서로 대비되어서 나온다. 그 제자 중에서 안회는 특별하다. 그는 공문가 제일의 호학자로서 얼마나 배우는 것을 좋아하고 그 배운 것을 실천하고자 노력했던 사람이었나를 『논어』 전편을 통해서 들을 수 있다. 지난 「옹야」편에 보면 공자는 다른 사람들은 하루나 한 달도 제대로 인(仁)을 지키기 어렵지만 안회는 세 달 동안이나 인간다움(仁)을 거스르지 않았다고 칭찬하였다. 또 공자 스스로도 처음에는 안회가 어리석은 사람인 줄 알았지만 그가 얼마나 한결같이 스승을 신뢰하고 존숭하며, 가난하지만 자신의 처지를 원망하지 않으면서 공부에 매진하는가를 알고 그를 깊이 인정하게 되었다. 그래서 안회가 40세가 안 돼서 죽자 공자는 "아! 하늘이 나를 버리셨나 보다! 나를 버리셨나 보다!(噫 天喪予 天喪予)" 하며 통곡했다.

이에 반해 안회와 거의 동년배였던 또 다른 제자 자공은 언변에 뛰어났고, 특히 이재에 밝으며 정치력도 뛰어나서 공문가에서 제일 부유하여 공자의 주유를 실질적으로 도왔던 사람이다. 그는 시대적 조건과 명을 그대로 따르지 않고 재산을 모으는 일에 관심을 기울였고, 그 일에서 예측도 잘 맞아서 부를 쌓는 데 성공한 제자라고 공자는 그리고 있다.

이 두 제자 상의 유비는 오늘날 우리 시대에도 그대로 적용될 수 있다. 좀 확장해서 말하면 맹자의 유명한 '의리지분(義利之分)'의 설로도 이야기할 수 있는 두 제자의 삶 중에서 공자는 안회를 단연 수제자로 꼽았다. 그런 그가 안타깝게도 요절하자 공자는 심하게 애통했고, 심지어 옆의 제자들로부터 스승의 애통함이 너무 지나치다는 말을 듣자 그는 말하기를, "내가 통곡했던가? 이 사람을 위해서 통곡하지 않으면 누구를 위해서 통곡한단 말인가?"라고 응수했다. 하지만 알려진 바에 의하면, 자공은 공자가 돌아가신 후 상례를 주관하여 다른 제자들은 3년 후에 흩어졌지만 그는 다시 3년을 더해서 6년간 공자의 묘를 지켰다고 한다.

어떻게 하면 오늘 우리 삶에서도 이러한 종류의 인간관계를 경험할 수 있을까? 오늘 인간 문화에서 하나됨을 경험하는 장으로 거의 에로스적 사랑만이 회자되는데, 공자와 그의 제자들과의 사승 관계는 거의 기적처럼 보인다. 그러한 기적을 다시 경험할 수 있는 조건이 무엇일까? 이렇게 예전 인간 삶에서는 실재였던 것이 지금은 거의 전설과 신화가 되어 가니 인간 마음밭의 모양도 달라질 것이고, 우리 공부의 장과 방법도 변하고 있음을 부인할 수 없다. 학교와 대학의 미래가 크게 변할 것임을 예고한다.

안회는 이랬던 사람이었다. 즉 그의 스승 공자가 광 땅에서 위험에 처했을 때 안회가 뒤에 처져 헤어졌다가 겨우 따라오자 공자가 말씀하시길, "나는 네가 죽은 줄 알았다(吾以女爲死矣)" 이에 대해서 안회는, "선생님이 살아 계신데 제가 어찌 감히 죽을 수 있겠습니까?(子在回何敢死)"라고 말했다. 이렇게 스승을 사랑했고 일심동체로 생각했던 안회는 그러나 스승보다 2년 앞서서 세상을 떠났다. 안회의 아버지는 공자가 그 아들 안회를 얼마나 사랑했는지를 알고 있었기 때문에 공자에게 부탁했다. 선생님의 수레를 팔아서 덧관을 마련해 달라고. 하지만 공자는 그 아버지의 청을 거절하며 말하길, "재주가 있든 없든 역시 각기 자기 자식을 위하여 말하게 마련이오. 내 아들 리가 죽었을 때에도 관을 쓰고 덧관은 쓰지 못했소. 내가 걸어 다니면서까지 수레를 팔아서 덧관을 만들어주지 못하는 것은 내가 대부의 뒤를 따르기 때문이오" 라고 하였다.

아무리 못난 자식이라도 자식과의 관계가 우선인가 아니면 안회와 같은 제자와의 관계가 더 우선인가? 공자와 같은 성인도 이런 고민과 갈등이 있었던 것 같다. 또한 비록 하늘이 자신을 버렸다고 통곡할 정도로 아끼던 제자였지만, 그 아들뿐 아니라 제자가 죽은 이후에도 계속될 자신의 삶과 역할을 생각하고 타고 다니던 수레까지는 팔 수 없었던 마음 때문에 자신의 부족함을 스스로 자책하시는 모습이 아닌가 생각된다. 공자는 말씀하시기를, "회는 나를 아버지같이 대하였는데, 나는 그를 자식같이 대하지 못하였다(回也視予猶父也 予不得視猶子也 非我也夫二三子也)"고 하면서 애통해 하였다.

우리도 이와 유사한 갈등과 고민을 많이 한다. 특히 여성들에게 사적 영역과 공적 영역 사이의 비중을 정하는 문제는 정말 간단치가 않다. 그래서 일하는 많은 여성들이 심리적 과부하에 시달리고, 특히 거기에 더해서 명분과 치레를 중시하는 남편을 두었다면 그 여성의 삶은 고달프기 그지없다. 현대 인지학자 루돌프 슈타이너(Rudolf Steiner, 1861-1925)는 현대 인간은 "인간이 인간을 잃어버린" 상황에 빠져 있다고 지적하였다. 모두가 자기 자신에게만 관심이 있고, '타인에게 영적으로 다가가려는 욕구가 더 이상 없고", 그래서 "인간과 인간 간의 연결 교량을 발견할 수 없다는 그 사실로 인해 현 시대에 우리가 병이 든"다고 우리 시대의 영적 상황을 잘 지적해 주었다(루돌프 슈타이너, 『젊은이여, 앎이 삶이 되도록 일깨우라』, 최혜경 옮김, 밝은누리,

2013).

정말 그렇다. 우리가 어떻게 앞에서 공자가 안회에게 보여준 것같이, 비록 그 자신도 유사한 갈등에서 온전히 자유로운 것은 아니었지만, 타인과 그 정도로 정신적인 하나됨을 경험할 수 있을까? 부모와 자식 간에, 부부간에, 친구 사이에서, 선생과 학생 사이에서, 동료들과의 관계 등 살아가면서 우리가 맺는 많은 관계들에서 "사람들 모두 서로 스쳐 지나가는" 단절과 차가움을 넘어서 어떻게 기적 같은 따뜻한 인간성을 다시 회복할 수 있을까? 이런 질문에 대한 답을 이어지는 「안연」편에서 기대해 본다.

12. 자기를 극복하고 예로 돌아가는 것

『논어』12장 「안연(顏淵)」1

顏淵問仁 子曰 克己復禮爲仁 一日克己復禮 天下歸仁焉
안 연 문 인   자 왈   극 기 복 례 위 인   일 일 극 기 복 례   천 하 귀 인 언
爲仁由己 而由人乎哉.
위 인 유 기   이 유 인 호 재

안연이 인(仁)에 대해서 물어보자 공자께서 말씀하셨다. 자기를 극복하고 예로 돌아가는 것이 인이다. 하루라도 자기를 극복하고 예로 돌아가면 천하가 모두 인으로 돌아갈 것이다. (세상이) 인해지는 것이 나로 말미암은 것이지 다른 사람에게서 비롯되겠느냐?

성찰 ──

『논어』제12장의 「안연」편은 우리에게 친숙한 『논어』의 주옥같은 말씀들이 많이 나온다. 이 한 편만 가지고도 공자의 사고 전체와 유교 영성의 진수를 잘 알 수 있다고 생각한다. 지난 번 「선진」편의 마지막에 우리는 스스로에게 물었다. 어떻게 하면 공자가 당시 이루었

던 것과 같은 긴밀한 인간관계를 우리도 우리 삶의 동반자들과 이루면서 살 수 있는가를. 스승과 제자 사이, 위정자와 민(民)의 관계, 부모와 자식 사이, 친구 사이, 동료들과의 관계 등. 그런 질문의 핵심에 있던 제자 안회의 자(字)가 안연이고, 이 장은 그가 공자께 인(仁)에 대해서 묻는 물음으로 시작되면서 공자의 유명한 "극기복례(克己復禮)"의 답이 나온다.

인간이 다른 생명체와는 달리 인간답다는 것을 무엇으로 알 수 있는가? 다른 생명체가 모두 자아(我)를 보존하고 확장하는 일에만 관심하는 것과는 달리 인간이 인간인 이유는 스스로가 자신의 존재에 조차 'no'라고 자기부정을 할 수 있는 내적 힘(극기복례) 때문이라고 말한다. 공자는 그것을 인(仁), 인간다움이라고 하였다. 사실 이 극기복례는 어느 공동체, 어느 인간관계에서나 그것 없이는 관계 자체가 가능하지 않으므로 이 땅의 모든 종교는 나름의 방식으로 그것을 핵심 메시지로 삼는다. 예수 복음의 핵심 관건인 '십자가의 도'가 그것이고, 불교의 '공(空)'의 가르침도 크게 다르지 않다고 본다.

그런데 여기서 공자가 말씀하신 극기복례의 도는 참으로 인간적이고, 소박하며, 이 세상적(世間的)인 것을 알 수 있다. 그는 천하가 천국으로 화하는 길이 바로 내가 나 자신을 하루 이기는 일 안에 있다고 가르친다. 그래서 너무 거창하게 먼 이론이나 실행을 구할 것이 아니라 바로 나 자신으로부터 시작하고, 내 하루의 일상에서 내 마음 씀과 언어와 행위와 생각이 인간적인 함께함의 도리를 벗어나지 않도록 하라고 권고한다. 공자가 이것을 천하를 도의 나라로 화하게 할 묘법이자 대법으로 공언할 만큼 그렇게 나 한 사람의 하루와 일상의 작은 일의 간절한 의미를 통찰하였음을 알 수 있다.

공자의 그 예민한 감각이 어느 정도였는가 하면, 그의 표현에 따르면 "집 문을 나서서 사람을 대할 때는 마치 큰 손님을 대하듯이 하고, 사람들과 더불어 일할 때는 큰 제사를 받드는 것같이 하고, 자기가 바라지 않는 일은 남에게 행하지 말라(出門如見大賓 使民如承大祭 己所不欲勿施於人)"고 하였다. 바로 이와 같은 언술들을 통해서 유교 종교성의 깊은 내재적 초월성을 잘 감지할 수 있다. 즉 유교에서의 참된 영성이란 우리 매일의 인간관계와 이 세상에서의 하루의 삶, 우리 일터와 우리가 이 세상을 대하는 태도 안에 바로 나타난다는 것이다.

이러한 우리 일상의 삶의 행태에서 공자가 참으로 중시한 것이 '언어생활'이라는 것을 다음과 같은 대화에서 알 수 있다. 그는 한 제자가 인(仁)에 대해서 묻자 "어진 사람은 그 말하는 바가 조심스럽다(仁者 其言也訒)"라고 답하였다. 우리 삶이 관계의 삶이라는 것을 깊이 숙고하고 공경하는 사람은 말을 많이 하지 않고, 할 경우에는 아주 조심하면서 하고, 또한 말을 한 경우에는 그 말을 꼭 지키는 사람이라는 것이다.

공자는 또 자공이 '정치(政)'에 대해서 묻자 "식량과 군사와 신의(食,

兵, 信)"의 세 가지를 들면서 다른 두 가지를 버리더라도, "백성의 믿음(信)"을 얻지 못하면 결코 나라가 존립할 수 없기 때문에(民無信不立) 신의가 가장 중요하다고 밝혔다. 말을 쉽게 하고, 한 말을 지키지 않는 일이 반복되면서 위정자와 국민 사이의 신의가 훼손될 때 그 나라의 존립 자체가 위협받는다는 지적이다. 우리가 그 무엇보다 말을 조심스럽게 해야 하고, 특히 공적 인간으로서 우리 언어는 꼭 그 실행을 염두에 두어야 함을 지적하는 것이다.

공자는 이렇게 날마다 세상을 공경하는 마음을 가지고, 언어와 실천에 집중하며 어질게 살아가는 사람의 또 다른 특징으로서 "근심(憂)"과 "두려움(懼)"이 없는 것을 들었다. 그는 말하기를, "우리가 안으로 반성하여 허물이 없는데, 무엇을 근심하고 무엇을 두려워하겠느냐?(內省不懼 夫何憂何懼)"라고 하였다. 이에 반해서 오늘 우리 시대의 가장 특징적인 정조는 '근심과 두려움'이라고 많은 사람이 말한다. 공자의 가르침(근심과 두려움 없음)에 따르면, 오늘의 우리 근심과 두려움의 출처는 우리의 고립주의, 자아 편중과 과잉, 말을 함부로 하는 것, 내적으로 자신이 신뢰 받는 사람인가를 돌아보지 않고 밖으로 드러난 이름과 명성만을 쫓기 때문이라는 것을 알 수 있다. 공자는 진정한 "통달(達)"과 "소문(聞)"을 대비하면서 "소문이 난다는 것은 얼굴빛은 인(仁)하지만 행동은 그것에 위배되고 그렇게 살아가는 것에 의문을 갖지 않는 것(夫聞也者 色取仁而行違 居之不疑)"이라고 날카

롭게 지적하셨다.

이러한 겉으로 드러난 소문과는 달리 참으로 '달(達)했다'는 것은 "그 마음속이 곧고, 의로움을 좋아하며, 남의 말과 기색을 잘 살피고 헤아려서 자신을 남보다 낮추는 것이니, 나라 일을 하여도 이루고 집에 있어도 이루는 것(夫達也者 質直而好義 察言而觀色 慮以下人 在邦必達 在家必達)"이라고 하였다. 이렇게 유교 영성이 이야기하는 인간됨(仁)은 사람의 감정으로도 나타나고, 행동으로도 표출되며, 명석하고 통달한 판단력으로도 나타난다. 그래서 공자는 자장이 "명석한 것(明)"에 대해서 묻자, "물이 은연중에 스며드는 것과 같은 거짓 참소와 애틋하지만 진실하지 않은 하소연을 그대로 받아들여 행하지 않는 것"이 명철한 것이고, 멀리 내다보는 통찰력이라고 하였다. 인(仁)하다는 것은 무조건 모든 것을 받아들이는 것이 아니라 거기에 거짓과 참, 참된 사정과 교묘하게 꾸미는 거짓 탄원을 구별할 수 있는 통찰력을 갖춘 것을 말하는 것이다.

공자는 바로 이러한 사람이 나라의 지도자가 되고 정치를 하게 되기를 간절히 소망했다. 그렇게 되면 나라 안에는 송사를 잘 처리하는 것을 넘어서 송사 자체가 없어지고(必也使無訟乎), 사람들이 비록 상을 준다 해도 도둑질을 하지 않게 될 것이며, 하루 아침의 노여움으로 자기를 잊고서 그 화(禍)를 부모형제에게까지 미치게 하는 어리석음을 범치 않게 될 것이라고 했다. 여기서 오늘 우리 삶의 상황과는 전혀 다른 이야기를 듣는데, 지금 한국사회의 모습은 송사가 넘쳐나고, 운전과 같은 사소한 일을 하다가도 하루 아침의 분노로 살인도 저지르고, 어떤 일을 하든지 간에 기회만 되면 도둑질을 하려는 사람들이 넘쳐나기 때문이다.

공자는 그래서 "정치란 바로잡는 것(政者正也)"이라고 했다. 참이 왜곡되어 있고, 거짓이 난무하고, 기준이 무너져 있으며, 한 공동체의 좋은 것이 불의하게 편중되어 있는 것을 바로잡고 바르게 펴는 일이라는 것이다. 공동체의 구성원들이 각자 자신의 삶을 영위하면서 이익을 나눌 수 있도록, 보편적으로 따를 수 있는 공평무사(公平無私)한 기준을 마련하고, 그 기초를 세우는 일을 말한다. 공동체 구성원 한 사람 한 사람이 자신의 역할과 지분을 고루 나누어 가지고 있는 것이다. 그래서 공자는 그 상황을 다시 "임금은 임금다워야 하고, 신하는 신하다워야 하고, 부모는 부모다워야 하며, 자식은 자식다워야 한다(君君 臣臣 父父 子子)"는 말로 풀이하였다.

「안연」편에서의 인간됨(仁)과 정치(政)에 관한 이러한 이야기와 더불어 공자는 오늘날 우리의 우정과 사람 사귐이 어떠해야 하는지를 이 편 마지막에 잘 밝혀주었다. 즉 우리의 벗 사귐과 교유는 "학문으로써 벗을 사귀고, 벗을 사귀는 일을 통해서 우리 인간됨의 향상을 돕는(以文會友 以友輔仁)" 일이 되어야 한다는 말씀이다. 오늘날의 언어로 이야기하면 '양적 인맥 관리를 하지 말라'는 것이다. 물질적 이

득에 따라서 벗을 사귀거나 나쁜 친구의 악영향에 스스로를 계속 노출시키지 말고, 우정과 더불어 우리 인격을 고양시킬 수 있는 사귐, 그와 더불어 우리 삶과 사회와 정치의 나아짐을 같이 논하고 염려하면서 그 일을 함께 도모할 수 있는 만남, 그런 "인간다움을 확충해 주는(輔仁)" 사귐이야말로 우리가 진정으로 추구해야 하는 우정과 만남이라는 것이다.

그런 우정이 많이 그립다. 만나서 겉도는 말이나 자기자랑이나 빈 수레와 같은 요란한 말만 나누는 모임이 아니라 서로 배우고, 같이 논하며, 그래서 자신의 부족함을 바로 보게 되고, 더욱 선하게 되고자 깨달아 고치고 싶은 마음을 불러일으키는 만남, 이런 인간적인 만남 앞에서 안연을 말하기를, "제가 비록 불민하지만 이 말씀을 받아들여 실천하겠습니다(回雖不敏 請事斯語矣)"라고 다짐했다.

13. 공자의 정치

『논어』13장 「자로(子路)」15

定公問 一言而可以興邦 有諸 孔子對曰 言不可以若是其幾
정 공 문   일 언 이 가 이 흥 방   유 저   공 자 대 왈   언 불 가 이 약 시 기 기

也 人之言 曰 爲君難 爲臣 不易 … 曰一言而喪邦 有諸 …
야   인 지 언   왈   위 군 난   위 신   불 이 …   왈 일 언 이 상 방   유 저 …

予無樂乎爲君 唯其言而莫予違也.
여 무 락 호 위 군   유 기 언 이 막 여 위 야

정공이 물었다. 한마디 말로 나라를 흥하게 하는 것이 가능합니까?
공자가 대답하였다. 말로 그렇게 하는 것은 불가능합니다. (하지만)
그와 가까운 것으로 사람들이 말하기를 '임금 노릇하기도 어렵고, 신
하 노릇하기도 어렵다'라는 것이 있습니다. (또 물었다.) 한마디 말로
나라를 망하게 할 만한 것이 있습니까? (공자가 대답하였다.) (말로는 그
렇게 하는 것이 불가능합니다. 하지만 그와 가까운 뜻을 가진 것으로 사람들의
말에) 나는 임금 노릇하는 데 다른 즐거운 일은 없고 내가 한 말을 아
무도 반대하지 않는 것이 즐거움이다'라는 것이 있습니다.

성찰 ——

　이 편은 공문십현의 한 사람인 자로(B.C.542-480) 등과 더불어 공자가 정치에 대해 논한 이야기들이다. 자로는 이름이 중유(仲由)로서 염유와 더불어 정사에 뛰어난 제자였다고 한다. 노나라와 위나라에서 벼슬을 했는데, 맨 앞 장에 "자로가 정치에 대해서 묻자(子路問政)" 공자께서 대답하시기를, "솔선수범하고, 힘써서 일하고", "지치지 말아야 한다"라고 대답한 데서 이 편의 이름이 나왔다. 한마디로 정치하는 일이(공적 임무를 수행하는 일이) 얼마나 수고롭고, 솔선수범해야하며, 그 일을 하는 데 지치거나 게으르거나 싫증을 내어서는 안 되는 일인지 가르치는 내용이다.

　그러나 나는 이 편의 표제문으로 노나라 제후였던 정공(定公)과의 대화를 뽑았다. 그는 공자께 묻기를, "한마디 말로 나라를 흥하게 하고, 한마디 말로 나라를 망하게 하는 것이 가능합니까?" 라고 하였다. 공자는 말로써 그렇게 하는 일은 거의 불가능하지만, 그러나 "사람들이 말하기를(人之言曰)" 정치하는 일이란 임금이나 신하 모두에게 참으로 어려운 일이고, 나라를 망하게 하는 지름길은 소통부재, 즉 위정자가 자기 말에 찬성하는 사람만 좋아하고, 이의를 제기하는 사람은 멀리하고 그런 말에 분노하는 일이라는 말이 있다고 지적하셨다.

　이 대답에 많은 의미가 들어 있다. 공자는 먼저 "사람들이 말하기를"이라고 하여 나라를 망하게도 하고 흥하게도 하는 것과 같은 최고의 지혜가 그만이 알고 있는 어떤 특수한 것이 아니라 모두가 평범하게 알고 있는 '보편적 앎(common sense)'이라는 것을 넌지시 지시하신다. 그 보편적 앎에 따르면 임금도 신하도 정치하는 일을 참으로 '어려운 일(難/不易)'로 알고, 항상 조심하고, 경계하고, 매사를 가벼이 여기지 않는 것이야말로 나라를 흥하게 하는 지름길이라는 것이다. 여기서 우리나라의 퇴계 선생이 생각났다. 그가 "공경심(敬)"이라는 한 단어를 가지고 사람의 됨됨이뿐 아니라 정치의 일과 우주의 온 존재관계를 지시하는 말로 쓰셨는데, 이 마음 씀이야말로 바로 정치의 기초가 된다는 가르침이겠다.

큰 손님을 맞이하고, 큰 제사를 드리는 것처럼 정치가 어려운 이유는 그 정치란 바로 나라 안의 모든 사람과 일을 대상으로 그 위치와 역할, 진위를 판단하고 정해 주는 일을 하기 때문이다. 즉 공자의 언어로 이야기하면, 그것은 "정명(正名)", 이름을 정해 주는 일이고, 「안연」편에 나오는 말로 하면, "정치는 바로잡는 일(政者正也)"이기 때문이다. 명분과 일을 정리하고, 그중에서 잘못된 것과 거짓과 불의로 그렇게 된 것을 제자리에 돌려놓고 바로잡아 주는 일을 하는 것이기 때문에 그 정치의 일은 힘을 요구한다. 그래서 정치는 '권력'이고 '권위'인 것이다.

정치는 권력이고 권위이기 때문에 만약 그것이 공명정대하지 못하면, 다시 말하면 한편으로 치우치고 사사로운 이익에 좌우되고 한 사람이나 소수에게 독점되면 그 폐해는 이루 말할 수 없이 크다. 그래서 한 나라의 삶에서 명분과 역할과 말과 행위의 진실성과 위대성을 보장하는 바른 정치야말로 그 공동체의 "생명줄(lifeblood)"과 같은 것이라고 했다. 생명줄이 끊어지면 그 존재가 더 이상 살아갈 수 없듯이 정치의 부패는 그래서 수많은 죽음과 죽임을 불러온다.

공자는 그리하여 자신이 정치를 하게 된다면 가장 먼저 이 정명(正名)의 일부터 하겠다고 했다. 오늘 우리의 언어로 하면 '과거사진상조사위원회', '인권위원회', '진실과 화해위원회' 등을 중시하겠다는 뜻이라고 할 수 있는데, 그렇게 해서 그동안 뒤틀려 있던 사람들의 권한과 역할, 말과 일의 진실과 뜻을 바로 잡는 일이야말로 어떤 호구책이나 경제적 대책을 세우는 일보다도 더 중요하다는 뜻이다.

그는 말하기를, "명분이 바로 서지 않으면 말이 순해지지 않고, 말이 순해지지 않으면 일이 제대로 성취되지 않는다. 일이 제대로 성취되지 않으면 예악(禮樂)도 흥하지 않고, 예악이 흥하지 않으면 형벌도 바르게 적용되지 않는다. 형벌이 바르게 적용되지 않으면 백성들은 손발을 둘 곳이 없다(名不正 則言不順 言不順 則事不成 事不成 則禮樂不興 禮樂不興 則 刑罰不中 刑罰不中 則 民無所措手足)"고 하였다. 즉 각자의 일이 정해지고, 무엇이 진실인지가 밝혀지고, 그래서 사람들이 자신의 일과 역할에 몰두할 수 있을 때 그들은 더 이상 거짓말이나 폭력의 말, 미사여구에 집착하지 않는다는 것이다. 그렇게 되면 행동하고 성취할 수 있고, 위대한 행위가 가능해지면서 나라 안의 문화와 예술이 꽃피고, 법이 바로 서면서 억울한 사람이 없어지고 사람들의 삶이 편안해진다는 말씀이다.

물론 공자도 백성들을 부유하게 해 주는 일의 중요성을 알았다. 그래서 인구가 늘어난 나라에서 그다음으로 정치가 해야 할 일이 "부유하게 하는 일(富之)"이라고 꼽았다. 하지만 거기에 그치지 않고 그들을 "가르쳐야 한다(敎之)"고 하였고, 가르치지 않고 그들을 전쟁터에 내보내는 것은 "그들을 버리는 것(棄之)"이라고 했다. 앞의 「안연」편에서도 무기와 식량보다도 더 중히 여겨야 하는 것이 백성들의 "믿음(信)"이라고 한 것은 모두 정치의 기본이 무엇이고, 정치(政)라는 일의 참된 규정(正名)이 무엇인지를 확실히 한 것이다.

한 제자가 농사짓는 일에 대해 가르침을 청하자 공자는 자신은 늙은 농부만도 못하고, 늙은 채소 농사꾼만도 못하다고 대답하였다. 그러면서 '만약 나라의 윗사람이 예(禮)를 좋아하고, 의(義)와 신(信)을 좋아하면 뭇 백성이 사방에서 그곳으로 살려고 모여들 것인데, 왜 농사짓는 것과 같은 방법과 기술의 일을 먼저 거론하는가' 라고 넌지시 책망하신다. 이 편의 표제문으로 뽑은 두 번째 말에 공자는 나라를 한마디로 망하게 할 만한 말로 어떠한 경우에도 자신의 말에 반대하지 않는 일을 기쁘게 여긴다는 한 위정자의 말을 들었다. 즉 공자는 나라를 망하게 하는 지름길로 위정자가 다른 사람의 말을 경청하지 않는 일, 자신의 말에 어떤 반대도 용납하지 않는 것, 자신이 모든 것을 다하려고 하는 것 등을 들을 것이다.

공자는 말씀하기를, "군자는 섬기기는 쉬우나 그를 기쁘게 하기는 어렵고, … 소인은 섬기기는 어려우나 기쁘게 하기는 쉽다(君子易事而難說也 … 小人難事而易說也)"라고 했다. 왜냐하면 군자를 기쁘게 하는 데는 도(道)에 맞지 않으면 안 되기 때문이고, 그러나 그가 사람을 쓸 때에는 그 사람의 그릇과 능력에 맞게 쓰기 때문이다. 하지만 소인은 도에 맞지 않더라도 자신에게 맞추기만 하면 기뻐하고, 사람을 쓸 때 그가 모든 능력을 다 갖추고 있기를 바라기 때문이라고 밝힌다. 즉 소인은 자신이 쓰는 사람이 모든 것을 다 해주기를 바라고, 도리에 맞든 맞지 않든 자기에게 맞추어 주기만 하면 좋아하기 때문이라는 것이다.

많은 시사가 들어 있는 말이다. 박근혜 정부시절 국가정보원 해킹 의혹 사건과 관련하여 담당자가 자살했던 사건이 있었다. 일을 할 사람의 목숨까지도 내놓아야 할 정도로 모든 것이 되어야 하는 상황이 그때 대한민국 삶과 정치의 상황이 아니었나 여겨진다. 참으로 비참하고 비통한 일이다. 그러나 그와 같은 상황을 야기한 책임이 지금까지 대학에서 30여 년을 가르치면서 살아온 나 자신도 결코 면할 수 없음을 생각한다. 공자는 "시를 삼백 편이나 외우면서도(誦詩三百)"

올바른 공적 인간이 되지 못하는 사람을 매우 안타까워하셨다. 그 많은 공부가 다 무슨 소용이 있는가 라는 책망과 안타까움이다.

공자가 지적하신 소인의 특성으로 '파당은 이루지만 진정으로 화합하지 못하고(君子和而不同 小人同而不和)', 작은 이익이나 넘보면서 일을 빨리 이루려고만 하고, 그래서 삶에서 '하지 않는 바가 있는 지조 있는 사람(狷者)'이나 '진취적인 열성의 사람(狂者)'도 되지 못하면서 듣기 좋은 말만 들으려 하고, 반대를 용납하지 않으면서 가까이에 있는 사람들을 떠나가게 하는 사람들을 꼽았는데, 나 스스로를 돌아보며 또 다시 반성한다.

14. 공자의 길, 문(文)의 종교성

『논어』14장 「헌문(憲問)」40

子路宿於石門 晨門曰 奚自 子路曰 自孔氏 曰 是知其不可
자 로 숙 어 석 문 신 문 왈 해 자 자 로 왈 자 공 씨 왈 시 지 기 불 가
而爲之者與.
이 위 지 자 여

자로가 석문(노나라 성문 밖에 있는 지명) 근처에서 묵게 되었는데, 문지
기가 물었다. 어디서 오십니까? 자로가 말했다. 공선생 댁에서 옵니
다. 그러자 문지기가 말했다. 불가능하다는 것을 알면서도 하는 그
사람 말인가요?

성찰 ——

종교학자 김승혜 수녀(전 서강대 종교학과 교수)는 자신의 책『논어
의 그리스도교적 이해』에서『논어』「헌문」편의 제목을 '폭력의 봇물
을 다스리는 길'로 삼고서 소개했다. 참 적절한 제목이라고 여겨진
다. 모두 47절로 구성된 「헌문」편에서 우리는 공자가 춘추전국 시대

의 혼동과 무질서, 난무하는 폭력 속에서 어떻게 자신의 인문적(人文 的) 대안을 제시하며 그 길을 가고자 했는지를 살필 수 있다. 이번 편 의 이름이 된 '헌문(憲問)'은 공자의 제자 "원헌(原憲)이 공자에게 묻는 다(憲問)"는 첫 문장에서 나온 것인데, 여기서 그가 물은 내용이 바로 인간의 부끄러움, "수치(恥)"에 대한 것이었다.

공자께서 말씀하셨다. "나라에 도가 있으면 봉록(祿, 봉급)을 받을 것이지만 나라에 도가 없으면 봉록을 받는 것은 수치스런 일이다(邦 有道穀 邦無道穀 恥也)." 이 말씀을 우리 시대에 견주어 보면, 오늘 1 대 99의 극심한 경제적 불평등 시대에 정규직이라고 하는 것이 오롯이 자랑할 일이기만 하거나 어떤 경우에도 얻고자 할 것이 아니라 오히 려 부끄러워할 일일 수 있다는 것을 말해 준다. 그것은 주변 다른 사 람들의 삶은 언제 파국으로 치달을지 모르는 불안정한 상황에서도 자기 삶의 안정과 안녕에만 관심을 갖는 일이기 쉽기 때문이다.

맹자가 인간 심성을 네 가지 기초적 감정(四端)으로 이해한 것에 따르면, 부끄러움이란 "수오지심(羞惡之心)"으로 그것은 의(義)가 깨 졌을 때 일어나는 우리 마음의 자연스러운 반응이다. 즉 부끄러움이 란 나에게 속하는 것이 아니고 다른 사람에게 갈 몫을 내가 불의하게 차지했을 때 느끼는 감정을 말한다. 그러므로 오늘 정규직의 안정이 라고 하는 것이 어쩌면 다른 사람에게 돌아가야 마땅한 열매를 내가 의(義)에 맞지 않게 가져오는 것일 수도 있기 때문에 부끄러워하고,

수치스러워해야 하는 일일 수도 있다는 것이다. 인간으로서, 더군다나 배움을 추구하는 학자(선비)로서 그런 마음이 들지 않는 것은 더 비참한 일이므로 공자께서 하신 다음과 같은 말씀이 더욱 다가온다. "선비가 편안하게 살기만을 생각한다면 선비라고 할 수 없다(子曰 士而懷居 不足以爲士矣)."

이번 장의 표제문에서 보이는 "불가능하다는 것을 알면서도 그 일을 하는" 공자의 모습은 당시 정치가 극도로 혼란스럽고, 전쟁과 무력 충돌이 끊이지 않던 시대에 공자가 그에 맞서서 대안으로 제시해온 길과 노력을 상징적으로 보여준다. 그러한 공자와 그를 따르던 제자들을 시냇가에서 긴 가지가 부드럽게 흔들리는 능수버들의 '유(柳)' 자(字)와 뜻이 통한다는 '유가(儒家)'로 불렀다고 하는데, 그런 공자의 방식에 대해서 당시 세상은 두 가지 반응을 보였다. 먼저는 그 방식은 너무 유약하고 현실적이지 않은 이상만을 추구하는 나약한 방식이라고 거부하는 것이다. 다른 하나는 그러한 공자의 노력은 모두 쓸데없고 오히려 그보다는 혼돈의 세상을 떠나서 자연의 흐름에 맡기는 것이 더 현명하다고 보는 입장이다.

그런 세상에 대해서 공자는 "이익(利)을 보거든 의(義)를 생각하고, (나라가) 위험한 때를 당하거든 목숨을 내놓으며, 오래된 약속에 대해서는 평소에 한 말이라도 잊지 않는다면 완성된 사람이라 할 수 있다(見利思義 見危授命 久要不忘平生之言 亦可以爲成人矣)"는 말로 응수하였다. 자기의 사적 이익보다는 공동체의 안녕을 귀히 여기고, 생명을 유지시키고 오래 사는 일에만 관심하는 것이 아니라 거기로부터 자유롭고, 인간 말의 행위와 약속을 참으로 귀한 인간적인 일로 여겨 그 일을 통해서 사람 사는 세상의 질서와 복락을 회복하려는 고투를 말한다. 그런 공자의 염려와 고행과 분투에 대해서 당시 사람들은 "(그것이) 불가능하다는 것을 알면서도 하려고 하는 사람(是知其不可而爲之者)"이라고 평한 것이다.

공자는 거기에 대해서 자신이 그렇게 동분서주하는 것은 "말재주를 부리려는 것이 아니라 세상이 너무 굳어져 있고 고루한 것이 가슴 아파서"라고 하셨다. 또한 "옛날 사람들은 자기(완성)를 위해서 공부하는데(爲己之學), 오늘날 사람들은 남(의 인정)을 위해서(爲人之學) 공부한다"고 지적하셨다. 그는 당시의 난세에 공직에 있는 제자들에게 "속이지 말고 (임금에게) 거슬릴지라도 올바른 말을 하라"고 주문하셨고, 하지만 나라에 도가 없을 때는 "행동은 위엄 있게 하지만 말은 겸손하게(危行言孫)" 하라고 당부하면서 "말대로 실천하는 일이 얼마나 어려운가를 알아서 말이 과해지지 않고, 부끄럽게 되지 않도록 항상 조심해야 한다(其言之不怍 則爲之也難)"고 강조하셨다.

그런 공자 스스로도 이웃나라에서 무도한 정변이 일어나자 아주 조심스러워하면서도("목욕재계하고") 용기 있게 임금에게 나가서 그

불의한 폭력을 바로잡아 줄 것을 간했다. 그는 이미 은퇴했고 이웃 나라의 일이었지만, 자신이 "대부(大夫)의 말석에 있었기 때문에 (불의에 항거하기 위해서) 감히 말씀드리지 않을 수 없었다(不敢不告也)"고 밝힌다. 그러한 일을 통해서 공자는 당시 자신이 살고 있던 노나라에서 임금을 누르고 실권을 휘두르며 불의한 일을 저지르던 세 집안 사람들(三桓, 孟孫·叔孫·季孫)을 빗대어 비판하신 것이다.

공자는 그렇게 세상의 질서를 다시 세우고 명분을 바로 하면서 평화를 이루기 위해 힘을 다했지만, 그러나 그와 같은 인간적 길이 얼마나 힘든 것이며 그 삶이 어떻게 곤고했는지를 다음과 같은 탄식에서 엿볼 수 있다. 그것은 단지 절망하는 탄식만은 아니었지만 그의 깊은 고뇌를 느끼게 한다. 공자가 말씀하기를, "나를 알아주는 사람이 없구나(莫我知也夫)"라고 하였다. 자공이 여쭈었다. "어찌하여 선생님을 알아주는 사람이 없다고 하십니까?" 공자가 말씀하시길, "나는 하늘을 원망하지도 않고, 사람을 탓하지도 않으며, 아래로부터 배워서 위의 심오한 것까지 통달했으니, 나를 알아주는 이는 저 하늘뿐일 것이다(不怨天 不尤人 下學而上達 知我者其天乎)"라고 하였다. 그렇게 공자는 온갖 어려움에도 불구하고 끝까지 포기하지 않는 마음으로 하늘에 대한 자신의 믿음과 인간에 대한 사랑을 표현한 것이다.

이렇게 일생 동안 하늘을 믿고 인간에 대한 깊은 사랑과 신뢰를 실천해 온 공자가 해석하는 '문(文)' 이해가 이 장에서 독특하게 나온다. 우리가 보통 글월 문(文) 자(字)로 알고 있는 이 글자는 옥편에서 찾아보면 이 외에도 문채 문, 법 문, 엽전 문, 아름다울 문, 꾸밀 문 등으로 나온다. 즉 이 문(文) 자는 인간이 모여 살면서 인간만이 고유하게 그려내는 삶의 결을 지시할 때 쓰는 말인데, 공자는 당시 위나라의 대부로서 그의 가신을 임금께 추천해서 그 자신과 동렬에 서게 한 공숙문자(公叔文子)를 칭찬하는 말로 "그의 호를 문(文)이라고 할 만하구나!(可以爲文矣)"라고 하셨다.

이것은 당시 신분사회에서도 인간 모두의 존엄과 평등, 정의를 인정하고 실천하는 사람이야말로 참다운 문(文)의 사람이고, 글과 말의 사람이며, 무력과 폭력 대신에 배움(學)과 자기성찰의 빛나는 사람인 것을 지시한 것이다. 다시 말하면 이러한 문(文)이야말로 인간 삶의 참된 지향이므로 그 과정이 아무리 험난하고 오래 걸려도 결코 포기할 수 없는 길임을 말한 것이다. 공자의 길과 그의 참된 신앙과 종교성은 바로 이 문(文)에 대한 것이고, 문에 대한 믿음이 곧 유교의 종교성이다. 그 길에서 만나는 어떠한 조롱과 스스로도 숨고 싶은 유혹과 위험 앞에서도 그는 포기하기 않았고, 인간이 가야 할 목표로 "자기를 수양하고서 백성을 편안하게 해주어야 한다(修己而安人)"는 것을 말한 것이다.

그가 그와같은 도를 마음에 품고 이 세상에 끝까지 발붙이고 서서 살면서 얼마나 힘들었을까를 상상해 본다. 그러한 자신의 목표 앞에서도 그는 다음과 같이 고백하는데, 오늘 온갖 좌절과 차별, 몰이해 속에서도 이 인간적 인문(人文)의 도를 따르려는 사람들에게 많은 위로가 된다. "올바른 도가 행해지는 것도 명(命, 운명/천명)이고, 그것이 폐해지는 것도 명(命)이다. 공백료(공자의 제자 자로를 참소하여 해하려는 자)가 명(命)을 어찌하겠느냐?(子曰 道之將行也與 命也 道之將廢也與 命也 公伯寮其如命何)"

나도 그 길을 따라가고자 한다.

15. 참된 영성은 곤궁한 때라도
몸과 마음의 따뜻함으로 나타난다

『논어』15장 「위령공(衛靈公)」1

在陳絶糧 從子病 莫能興 子路慍見曰 君子亦有窮乎
재 진 절 량 종 자 병 막 능 흥 자 로 온 현 왈 군 자 역 유 궁 호
子曰 君子固窮 小人窮斯濫矣.
자 왈 군 자 고 궁 소 인 궁 사 람 의

진(陳)나라에 있을 때 식량은 떨어지고 따르던 제자들은 병이 나서
일어나지도 못했다. 자로가 화가 나서 찾아뵙고 말씀드렸다. 군자도
곤궁할 때가 있습니까? 공자께서 말씀하셨다. 군자는 곤궁 속에서도
(자신을) 굳게 지켜 나가지만 소인은 곤궁해지면 함부로 행동한다.

성찰 ——

앞의 「헌문」편에서 공자의 문(文)의 종교성과 영성을 살펴보았다.
공자는 거기서 자기 당대에 난무하는 폭력에도 불구하고 인간이 어
떻게 인간다운 방식(人文)으로 삶을 꾸려가야 하는지를 말하였고, 그

일이 거의 "불가능한 일"이라는 것을 알면서도 끝까지 포기하지 않는 참된 인간적인 사람의 깊은 신앙을 보여주었다. 이「위령공」편은 그러한 공자의 믿음과 사랑이 구체적으로 표현되는 여러 장면들을 보여준다.

공자는 55세가 넘은 나이에 다시 한번 자신의 인문적 뜻에 따라 정치를 베풀어줄 현명한 군주를 찾아 나섰고, 무려 14년 동안이나 전국을 주유한다. 오늘 우리가「위령공」편의 표제문으로 삼은 글은 그러한 가운데서 전쟁술에 대해서만 관심을 갖는 북방의 대국 위나라 영공에게 실망하고 떠나서 진나라로 들어선 후의 이야기이다.

목숨을 건 여행의 피로와 먹을 것은 떨어지고 제자들은 병이 나서 더 이상 일어서지도 못하는 곤궁한 처지에 빠져 있을 때, 그렇게 뜻을 찾아다니는 일이 너무 고달프고 힘이 들어서 화가 잔뜩 난 제자는 공자에게 항의한다. '군자(배운 사람)도 이렇게 곤궁한 지경에 빠질 수가 있습니까'라고. 여기에 대해서 공자는 참된 선비와 거짓된 선비의 차이는 곤궁에 빠져 있을 때 드러나는데, 참된 선비는 곤궁한 가운데서도 자신을 지키며 견디어내지만 소인은 그러지 못한다고 말씀하신다. 오늘 우리 시대가 한없이 어려워지고 있는데, 잘 새겨 들어야 할 대목이다.

공자는 때가 어려워지자 "덕(德)을 아는 사람이 드물구나(知德者鮮矣)"라며 안타까워하셨다. '덕(德)'이란 득(得)과 같은 것으로서 기독교의 '하나님의 형상(the image of God)'과 유사하게 하늘로부터 내가 받은 것을 뜻한다고 한다. 즉 인간은 하늘로부터 덕이라는 선물(a gift)을 받은 존재이고, 그 덕을 통해서 하늘을 아는 존재이지만, 세상이 어지러워지고 곤궁에 빠지면 그것을 잊고 또는 잃고 함부로 살아가기 쉬운 것을 말한다. 그렇게 하늘로부터 받은 선물인 덕과 제일 유사하게 통하는 단어가 인(仁), 인간성, 인간다움인 것이다. 이 「위령공」편에 공자의 유명한 언어 "살신성인(殺身成仁)"이라는 단어가 나온다. 공자는 "뜻을 가지고 사는 사람(志士)"과 "인간다운 사람(仁人)"은 "살기 위해서 인(仁)을 해치는 법이 없고, 자기 몸을 죽여서라도 그 인(仁)을 이룬다(子曰 志士仁人 無求生以害仁 有殺身以成仁)" 라고 하였다. 세상이 어려울수록 인간성을 지키려는 사람은 줄어들고 온갖 술수와 거짓과 폭력으로 자신의 인간성을 내다 팔면서 목숨을 연장하고 눈에 드러나는 이익 추구에만 몰두하는 세태를 지적하신 것이다.

"인(仁)을 이룬다", '성인(成仁)'이라는 말은 그런 의미에서 오늘 이 성공(成功) 지상주의 시대에 모두가 가슴 깊이 새겨야 할 말이다. 공자 당시도 그의 제자 자장(子張)이 어떻게 행하며 살아가야 할지를 묻자 공자는 "말이 충실하여 신의가 있고, 행동이 돈독하고 진지할 것(言忠信 行篤敬)"을 가르치셨다. 그러자 그 제자는 이 말씀을 "(잊지 않기 위해서) 자기 옷 띠 자락에다 적어 놓았다"고 한다. 인간성을 이루기 위한 노력이 절실함을 보여주는 장면이다.

이「위령공」편에 나오는 여러 대화의 장면에서 우리는 당시 시대가 어떻게 인간다움과 너그러움을 잃고서 붕당과 패당을 이루어 서로 갈등하며 살았는지를 볼 수 있다. 공자는 자신의 시대를 한탄하며 예전에는 "역사를 쓰는 사람(史官)이 의심스러운 것은 쓰지 않고 비워두는 일과, 말(馬)을 가진 사람이 남에게 말을 빌려주어 타게 하는 것을 볼 수 있었지만 지금은 모두 사라져 버렸다(吾猶及史之闕文也 有馬者 借人乘之 今亡矣夫)"고 한탄하셨다. 이 말을 오늘의 의미로 풀어보면, 나라에 도가 있을 때는 역사가들이 과거의 사실을 다루는 일에 매우 신중하고 공정하여서 함부로 조작하거나 억지로 끼워 넣으려 하지 않지만, 나라에 도가 없을 때는 심지어 과거의 시간까지 찬탈하여 그것을 자기(붕당)의 의도와 이익대로 마구잡이로 다루는 것을 지적하신 것이다.

지난 박근혜 정부 시절에 유난히 과거 역사 서술이나 역사교과서 문제로 논란이 많았던 것이 어느 정도로 비인간적이고 인간다움을 잃어버린 일이었는지를 잘 드러내주는 시사이다. 특정 붕당의 전횡으로 과거 역사까지도 좌우된다고 하는 것은 그 붕당의 패악스러움이 매우 심한 정도인 것을 보여주고, 그것이 공동체의 가장 보편적인 신뢰(信)의 밑둥까지 흔들릴 수 있음을 밝혀 준다. 또한 말(馬)이라고 하는 것은 당시 한 가계에서 가장 큰 재산목록이었을 텐데, 그것도 예전에 나라에 도가 있을 때는 필요한 사람이 요청하면 빌려줄 수 있을 정도의 너그러움과 나눔이 있었지만, 공자 당시에는 그러한 인간적인 신용과 나눔의 풍속이 사라져버린 것을 안타까워하신 것이다. 오늘 우리 시대에는 심지어는 부모와 자식, 형제자매 사이의 관계조차도 모두 서류와 계약서의 법적 관계로 환원되고 있으니 더 말할 것이 없겠다.

공자는 이 「위령공」편에서 인간 공동체 삶에서 어떻게 패역과 완악을 넘어 인간성을 회복하고, 다수가 지속적으로 인간답게 살아갈 수 있는가를 나름대로 제시하셨다. 그것은 정치 이야기이기도 하고, 교육과 문화의 길이기도 하며, 더 근본적으로 종교와 철학적 물음이기도 하다. 그는 "우리가 많이 알고 방법에 대한 지식(知)을 가지고 있다 하더라도 그것을 너그러움(仁)으로 지켜내지 못하면 반드시 잃을 것이며, 지식이 미치고 너그러움이 지켜지더라도 장중한 자세(莊)로 그것에 임하지 않으면 국민들은 존경하지 않을 것이며, 그것을 다루는 데 예(禮)로써 하지 않는다면 잘한 것이 아니다(知及之仁不能守之雖得之必失之 知及之仁能守之不莊以涖之則民不敬 知及之仁能守之莊以涖之 動之不以禮未善也)"라고 하셨다.

이것을 오늘의 의미로 해석해 보면, 먼저 우리가 공적 책임을 맡아 일할 때, 또는 인간 간의 관계에서도 결코 지식(知)만으로 충분하지 않다는 지적이다. 거기에 인간다움과 인자함과 너그러움의 '마음(仁)'이 보태져야 한다는 것이고, 또 거기에서 한 걸음 더 나아가 그 관계와 마음이 지속적으로, 특히 다수와 관계하는 일일 경우는 그 인자함과 너그러움이 '장중하고 정중한 품격(권위)'으로 표현되어야 한다고 가르친다. 그리고 그 정중함이 단 일회의 일로 끝나지 않기 위해서는 그것이 '리추얼'로서, 즉 '예식(禮)'으로 마련되어서 사람들이 계속해서 인간다움을 기억하고 연습하여 습관화하도록 해야 한다는 것이다. 여기서 마지막의 일이 종교와 예배의 일이라고 할 수 있다.

공자는 이렇게 인간 세상의 일이란 단 한 번의 충격적 방식이나, 냉정하고 건조한 이성의 방식으로만 되는 것이 아님을 지적하였다. 그것은 감정의 차원이 포함되고, 그 감정의 일은 다시 몸과 태도의 품격의 일로 표현되어야만 지속적으로 인간다운 공동의 삶을 유지해 나갈 수 있다고 가르친다. 오늘 우리 시대 각 분야에서의 보수주의자나 진보주의자 모두에게 긴요한 중용(中庸)과 중화(中和)의 가르침이겠다. 공자는 그런 자신의 도에 대해서 "나는 하나로써 모든 것을 꿰뚫고 있을 따름(一以貫之)"이고 그것은 "한마디로 사람들이 평생토록 받들어 행할 만한 것(有一言而可以終身行之者乎)"인데 "그것은 아마도 '서(恕)'일 것이다. 자기가 바라지 않는 것을 남에게 하지 않는 것(子曰 其恕乎 己所不欲 勿施於人)"이라고 하셨다.

오늘 우리 시대에 이 서(恕)에 대한 말씀처럼 소중하게 다가오는 것이 없는 것 같다. 다른 사람의 마음(心)도 나와 똑같다(如)는 것을 잊지 말라는 말씀, 그래서 그 마음을 헤아려서 서로 용서하고 너그럽게 용납하면서 함께 살아가라는 지혜, 공자의 문(文)과 인(仁)의 영성과 종교성은 이렇게 몸과 마음의 부드러움과 품격으로 표현된다.

「위령공」편의 맨 마지막 장면은 그렇게 자신의 도를 한마디로 하면 "서(恕)"라고 밝히는 공자가 자신을 찾아온 한 소경 악사를 어떻게 응대하였는가를 그려준다. 그는 앞 못 보는 악사를 위해서 그가 계단 앞에 이르면 '계단이오'라고 말하고, 자리에 이르면 '자리요' 하고 알려주고 모두가 앉자 누구누구가 참석해 있다는 것을 일러주었다. 악사가 떠난 후 그 모습을 지켜보던 제자가 "그것이 악사와 이야기하는 방식입니까?"라고 물으니 "그렇다. 바로 장님 악사를 도와주는 방법이다"라고 하였다. 그처럼 공자는 자신의 도를 인간적 인자함과 품격으로 표현하였고, '가르치게 되면 선인(善人)과 악인(惡人)의 구별이 없게 된다(有敎無類)'는 말씀으로 모든 사람을 향한 평등과 사랑의 마음으로 나타내었다.

오늘 우리 시대의 종교와 정치, 경제와 교육, 문화가 이렇게 인간적인 방식으로 변화하는 것을 꿈꾸어 본다. "백성에게는 인(仁)이 물과 불보다 더 소중하다. 나는 물과 불을 밟고서 죽는 사람은 보았으나 인(仁)을 밟고서 죽는 사람은 보지 못했다(民之於仁也 甚於水火 水火 吾見踏而死者矣 未見踏仁而死者也)." 여기에 대해서 공자는 제자가 경제와 가난과 물질에 대해서 너무 염려하자 인(仁)을 탐구하는 공부에는 "녹(祿)"도 들어 있다고 말씀해 주신다. "공부 가운데는 녹도 들어 있다. 군자는 도를 염려하지 가난을 염려하지 않는다(學也 祿在其中矣 君子憂道 不憂貧)."라는 것이 공자의 믿음이고, 오늘 우리 시대에도 여전히 큰 울림이 된다. 하지만 예나 지금이나 이 말씀을 믿고 따르는 일이 얼마나 어려운지는 우리 모두가 잘 안다. 거기에 더해서 공자는 "군자는 자기의 무능을 병으로 여기지 남이 자신을 알아주지 못함을 병으로 여기지 않는다(君子病無能焉 不病人之不己知也)"라고 하셨는데, 이 말씀은 특히 부는 포기할지언정 명예와 이름은 포기하기 쉽지 않은 학자들에게는 더욱 어려운 일로 들린다. 하지만 한편 공자는 우리가 관심해야 하는 참된 경쟁의 일을 다음과 같이 지적해 주셨다. 그는 말씀하기를, "인(의 일)을 당해서 스승에게도 사양하지 않는다(當仁不讓於師)"라고 하신 것이다.

참된 인간됨의 길에서 또 하나 지적되는 어려움, 성(性)과 관련된 것인데, 공자는 "그만인가 보구나(세상이 끝나는가 보구나)! 내가 덕을 좋아하기를 여색을 좋아하듯이 하는 자를 보지 못하였다(已矣乎 吾未見好德 如好色者也)"라는 말씀을 했다. 이 말씀은 종종 공자의 여성폄하를 드러내는 말이라고 먼저 지적되곤 하지만, 2천 5백여 년이 지난 오늘날에도 여전히 현실에서 이 말의 내용이 적용되는 것을 보면 인간성의 길은 아직도 멀고 먼 것 같다. 공자의 또 다른 말씀, "허물이 있어도 고치지 않는 것이 진짜 허물(過而不改 是謂過矣)"이라는 말씀을 잘 새기고 따를 일이 남아 있다.

16. 관심과 집중을 멈춰서는 안 되는
아홉 가지 일과 영화 〈귀향〉

『논어』16장 「계씨(季氏)」 10

孔子曰 君子有九思 視思明 聽思聰 色思溫 貌思恭 言思忠
공 자 왈 군 자 유 구 사   시 사 명   청 사 총   색 사 온   모 사 공   언 사 충
事思敬 疑思問 忿思難 見得思義.
사 사 경   의 사 문   분 사 난   견 득 사 의

공자께서 말씀하셨다. 군자에게는 아홉 가지 생각할 일이 있다. 볼
때에는 분명하게 볼 것을 생각하고, 들을 때는 똑똑하게 들을 것을
생각하고, 얼굴빛은 온화하게 할 것을 생각하고, 용모는 공손할 것을
생각하며, 말은 거짓이 없어야 함을 생각하고, 일을 행함에는 공경스
러울 것을 생각하고, 의심이 나면 물을 것을 생각하며, 화가 났을 때
는 곤란한 일 당할 것을 생각하고, 이득을 보면 그것이 옳은 것인가
를 생각해야 한다.

성찰 ──

「헌문」편과 「위령공」편에서 공자의 문(文)의 종교성과 영성에 대해서 살펴보았다. 공자는 거기서 자신이 살던 폭력의 시대를 넘어서 인간다운 방식(人文)으로 삶을 꾸려가는 일이 거의 "불가능한 일"이라고 하면서도 끝내 포기하지 않는 인고의 깊은 신앙을 보여주었다. 이 「계씨」편은 그러한 공자의 믿음과 사랑이 현실의 삶에서 구체적으로 어떤 덕목과 실천 조항들로 재구성될 수 있는지를 보여준다.

사실 지금까지 살펴본 『논어』 열다섯 편 이후 이번 16장의 「계씨」 편과 함께 마지막 다섯 편은 일종의 부록 성격을 띠고 있다고 한다. 『신약성서』 마지막의 사목편지들처럼 마지막으로 편찬된 것들이고, 공자의 직접적인 언술보다는 그 후예들이 후학을 가르치기 위해서 간략하고 편하게, 당시 회자되던 말들을 수집한 것이 많다고 한다. 이 편의 이름이 된 계씨는 노나라의 실질적인 군주였던 독재자 대부(大夫) 계강자(季康子, ?-B.C.468)를 지칭하는데, 공자의 제자 염유와 자로가 그 신하로 일했기 때문에 당시의 혼돈에 처한 상황을 타개하기 위한 공자의 제안이 이들과의 대화에서 종종 나타난다.

이번 「계씨」편 성찰의 표제어로 삼은 10절의 말씀도 후학들이 정리한 것으로 추정된다. 하지만 여기에 공자가 가르치신 인(仁)과 문(文)의 군자가 매순간, 매일, 간단없이 잊어버리지 않으며, 잃어버리지 않고 살아가야 하는 참 모습이 핵심적으로 드러난다고 생각된다.

"생각해야 하는 아홉 가지의 구체적인 일(九思)"로 나열해서 서술했지만, 한마디로 하면 매순간 '현존에 집중하라'는 것이고, 퇴계의 말씀으로 하면 '거경(居敬)'이고, 양명의 언어로 하면 매순간의 '치량지(致良知)'를 실천하는 것이다. 더 근본적으로 『중용』의 '신독(愼獨)'이나 '지성(至誠)' 또는 『대학』의 '격물치지(格物致知)'의 가르침과 같은 것으로도 이해할 수 있다. 자신이 인간이라는 것(仁), 그래서 인간적인 모습으로 사는 것(文)이 마땅하다는 것을 잊지 말고, 그 길에서 어긋났으면 다시 돌아보고 즉각 제자리로 돌아오며, 잘 모르겠으면 정직하게 묻고, 다른 사람을 대하고 함께 일을 할 때는 진심과 공경의 마음으로 하고, 분쟁과 싸움을 삼가면서 자신에게 돌아올 이득이 아닌 것을 취하려고 하는 것은 아닌지를 항상 살피라는 말씀이다.

이 말씀을 듣고 생각했다. 오늘과 같은 난세에, 과거는 무수한 상처와 아픔으로 남아 있고 미래는 한 치 앞도 내다보기 힘든 때에, 그럼에도 불구하고 우리 인간이, 한민족이, 한 여성이나 엄마가, N포세대의 어떤 청년 구직자가, 여·야와 보수·진보의 극한 대립 속의 어느 정치인이, 인간답게 살아갈 수 있는 길로서 선택할 수 있는 남은 방식으로 이 길 외에 어떤 것이 있을 수 있는가? 하는 것이다. 우리가 삶을 포기하지 않고 인간이기를 저버리지 않으며, 어떻게든 전쟁과 폭력을 지양하면서, 하지만 회의와 좌절, 냉소에 빠지지 않고서 우리 삶을 지속하려면 이 방식 외의 어떤 것이 더 있을 수 있겠는가? 하는 생각이다.

여기서 영화 〈귀향(鬼鄕)〉을 생각해 본다. 이 영화는 단순히 '고향으로 돌아옴'의 귀향(歸鄕)이 아닌 '귀신이 돌아옴'과 '돌아봄'의 귀향(鬼鄕)이자 귀향(鬼嚮)임을 보면서 일본군 성노예 폭력성의 적나라함 앞에서 오히려 처음으로 진지하게 이웃 일본에 대한 '용서'를 생각하게 했다. 이미 엎질러진 물과 같은 과거의 일을 어찌 해 볼 수 없는 것이 인간의 정황, 우리에게 남겨진 그 일의 해결 방식에 용서 외에 어떤 것이 더 있을 수 있을까? 그렇게 오랜 기간, 우리 이웃으로 곁에 있으면서 우리에게 상상하기조차 힘든 끔찍한 고통과 아픔과 비참을 안겨준 일본, 그러면서도 여전히 미운 짓을 하는 그 이웃 일본과 어떻게 대면할 것인가? 마침내는 용서 외에 남는 것이 없지 않을까, 거의 처음으로 그렇게 생각해 보았다.

무엇보다 우리가 살기 위해서이다. 용서하는 일은 바로 우리 삶의 현재, 현재의 우리 삶에 집중하고 몰두하는 일을 가능하도록 하기 위한 일이다. 어찌해 볼 수 없는 과거를 잊어서도, 왜곡해서도 안 되지만, 거기에 사로잡혀 있지 않는 방식, 미래의 복수와 승부와 증오도 자살행위처럼 또 하나의 감옥이 될 것이므로, 그래서 여기서 다시 새롭게 시작되는 현재의 삶은 재차 잃어버리지 않겠다는 성찰과 각오에서 오는 실천의 행위, 그것을 나는 용서라고 본다. 혹자는 그래서 '용서'와 '믿음'은 인간의 일 가운데서 가장 인간다운, 인간적인 두 가지의 행위라고 명명했다. 그리고 예수가 가르쳐준 〈주기도문〉의 "우리가 우리에게 죄 지은 자를 사하여 준 것같이 우리의 죄를 사하여 주시고…"라는 구절처럼, 이웃의 죄를 용서해 주지 않고서 우리 자신의 죄를 용서해 달라고 기도할 수 없을 터이기 때문이다.

영화 〈귀향〉에서의 무당굿은 그 용서를 위해서 다시 '귀신', 생각(의식)을 불러온다. 몸과 더불어 하나가 되어 살아가는 우리 의식이 그 일본군 '위안부'들의 삶에서처럼 그렇게 폭력적으로 분리되었을 때 그 의식은 미래로 들어갈 수 없다. 용서가 필요한 시점이다. 하지만 인간적인 행위인 용서는 몸이 아니고는 일어나지 않고, 몸이란 바로 현재이고, 현재의 있음으로부터 비롯되는 일이기 때문에 영화 속에서는 무녀가 그 일을 담당한다. 오늘 엄청난 위기 속에 있는 남북의 갈등에서도 그렇고, 한일 문제, 물질과 정신의 갈등, 내 현실 속의 모든 구체적인 삶의 문제에서도 지금 여기 현재에 집중하기, 몸을 통한 용서, 이 일이 「계씨」편 "아홉 가지의 생각(九思)"이 가르쳐주는 메시지라고 나는 생각한다.

무녀가 먼 곳의 귀신을 이곳으로 다시 불러와서 그 마음(精神·意識)과 사람들의 마음을 편안하게 해 주듯이, 공자는 군자와 참된 정치의 일이란 먼 곳의 사람들을 "인간적인 덕, 학문의 덕(文德)"으로 불러서 따라오게 하고, 따라오게 했으면 그들을 "편안하게 해 주는 것(修文德以來之 旣來之 則安之)"이라고 했다. "먼곳의 사람들을 따라 오게 하지 못하고, 나라가 산산이 갈라지고 있는데도 오히려 전쟁을 일으키려 하고 있으니", 우리가 진정으로 두려워해야 할 것은 적이 오히려 "담장 안"에 있는 것이라고 하셨다(而在蕭牆之內也).

이런 상황에서 공자는, 그럼에도 불구하고, 현재에 집중하면서 우리 의식과 몸이 인간적으로 분열되지 않고 하나가 되어 사는 삶을 지속해 가라고 권하신다. 그러면서 그 삶을 크게 세 시기로 나누어 그 각각의 시기에 조심해야 하는 사항을 다음과 같이 알려 주셨다. 즉, 청년기에는 아직 혈기가 안정되지 않은 때이니 특히 그 혈기를 직접 몸으로 쓰는 일(色)에 주의하고(연애, 성생활, 결혼, 건강 등, 小之時 血氣未定 戒之在色), 장년이 되어서는 혈기가 왕성하여 무엇이든지 할 수 있을 것같이 하면서 "분쟁에 휘말리는 일"을 경계하고(其壯也 血氣方剛 戒之在鬪), 노년이 되어서는 혈기가 쇠하였음에도 불구하고 욕심을 버리지 못하고 계속 얻고 모으는 일에 몰두하다가 위험한 일을 당하니 오히려 그 "얻는 것(득)"을 경계하라(及其老也 血氣旣衰 戒之在得)는 말씀이다.

데살로니가 교회에 보내는 바울의 편지에 "믿음의 행위"와 "사랑의 수고", "(우리 주 그리스도에 둔) 소망의 인내(데살 전1: 3)"에 대한 가르침이 있다. 나는 믿음의 행위도 그렇고, 사랑의 수고와 그리스도 안에 둔 소망, 이 세 가지 모두가 지금 여기의 현재에 성실히 다하는 삶의 실천이라고 여긴다. 공자가 구사(九思)를 말하며, 바로 현재의 순간에 집중하면서 인간답게 살라고 한 가르침과 다르지 않고, 용서는 그 일을 가능케 하는 현재의 일이며, 우리가 인간적인 삶을 위해서는 피할 수 없는 실천이다. 맹자 말대로 하면 '집의(集義)'인 것이다.

이루 말로 다할 수 없는 비참과 고통의 삶을 살았던 우리 조상들, 일본군 '위안부' 할머니들, 그 영화에서도 일본군에게 끌려가는 딸에게 엄마는 옷가지 속에 약간의 돈을 넣어주면서 '호랑이 굴에 끌려가도 정신만 바짝 차리면 살아서 돌아올 수 있다'고 강조한다. 그러면서 어떤 경우에도 정신을 모으고 집중하라고 신신당부한다. 그 딸은 비록 처음의 몸으로는 돌아오지 못했지만, 정신을 바짝 차리고 집중하는 일을 놓지 않았기 때문에 그 비인간의 상황에서도 옆의 사람들에게 계속 인간성을 나누는 사람으로 살 수 있었고, 후에라도 다시 몸으로, 그리고 '의식'으로 돌아와서 시간을 용서하게 하고, 해원하면서 생명의 구원자가 되었다.

우리가 아홉 가지 생각의 실천을 습관으로 체득하고 그렇게 우리 삶을 살아가는 일을 계속해 나간다면 이 견디기 힘든 세상도 살아질 것이며, 나아질 것이고, 이웃도 그 해악을 진정으로 뉘우치는 날이 올 것이다. 용서가 일어나면서 우리 의식은 더욱 맑아지고 집중할 수 있을 것이며, 그런 우리의 현재와 더불어 우주는 더 찬연히 빛날 것이다. 그런 공자의 가르침이 그리스도 안에 둔 소망과 다르지 않다고 믿는다.

17. 무엇이 인간을 인간되게 하는가?

: 알파고 이후의 세계와 원영이의 죽음

『논어』17장 「양화(陽貨)」 21

宰我問 三年之喪 期已久矣 君子三年不爲禮 禮必壞 三年
재아문 삼년지상 기이구의 군자삼년불위례 예필괴 삼년

不爲樂 樂必崩 舊穀旣沒 新穀旣升 鑽燧改火 期可已矣 子
불위락 악필붕 구곡기몰 신곡기승 찬수개화 기가이의 자

曰 食夫稻 衣夫錦 於女安乎
왈 식부도 의부금 어여안호

曰 安 女安則爲之 夫君子之居喪 食旨不甘 聞樂不樂 居處
왈 안 여안즉위지 부군자지거상 식지불감 문악불락 거처

不安 故不爲也 今女安則爲之 宰我出 子曰 予之不仁也 子
불안 고불위야 금여안즉위지 재아출 자왈 여지불인야 자

生三年 然後免於父母之懷 夫三年之喪 天下之通喪也 予也
생삼년 연후면어부모지회 부삼년지상 천하지통상야 여야

有三年之愛於其父母乎.
유삼년지애어기부모호

재아가 (삼년상에 대해서) 여쭈었다. 삼년상은 너무 깁니다. 군자가 3
년 동안 예(禮)를 차리지 않으면 예가 반드시 무너질 것이며, 3년 동
안 악(樂)을 다루지 않으면 악은 반드시 혼란스러워질 것입니다. (1년
이 지나면) 묵은 곡식이 다 없어지고 새 곡식이 나오고, 불씨 만드는

나무도 철마다 바꾸는데 1년 상이면 되지 않겠습니까? 공자께서 말씀하시길, (3년이 되기 전에) 쌀밥을 먹고 비단옷을 입어도 네 마음이 편안하겠느냐? 대답하기를, 편안합니다. 네가 편안하다면 그렇게 해라. 대개 군자는 상 중에는 좋은 음식을 먹어도 달지 않고, 음악을 들어도 즐겁지 않으며, 집에 거처해도 편안하지 않다. 지금 너는 편안하다니 그렇게 해라. 재아가 나가자 공자께서 말씀하시기를, 재아는 인(仁)하지 못하구나. 사람이 태어나서 3년이 지나야 부모의 품을 겨우 벗어난다. 그래서 삼년상을 지내는 것은 천하에 통하는 것이다. 재아도 자기 부모에게서 3년 동안 사랑을 받지 않았겠느냐?

성찰 ——

앞의 「계씨」편에서 한 사람의 성인(成人)으로서 인간다운 삶을 영위하기 위해서 항상 잊지 말고, 그치지 말고 행해야 하는 '아홉 가지의 생각(九思)'을 살펴보았다. 이번 「양화」편에서는 그러한 개인적 차원을 넘어서 과연 인간다운(仁) 공동체, 기계나 동물의 세계가 아닌 사람 사는 세상, 인간적인 함께함의 세상이 어떤 토대와 근거 위에서 가능하다고 여기는지에 대한 공자의 말씀을 듣고자 한다.

이 편의 제목이 된 양화(陽貨)는 계씨의 가신(家臣)이었지만 반란을 일으켰고, 7절에 나오는 진(晉)나라의 필힐(佛肹)도 역시 불의한 반란을 일으켰다. 그런데 공자가 이들의 초청에도 응하려 하다가 제자들과 옥신각신한다. 공자는 당시의 난세에 자신의 길이 계속 외면 당하자 스스로를 "조롱박처럼 매달려 있기만 하고 쓰임(먹힘)을 받지 못하는(吾豈匏瓜也哉. 焉能繫而不食)" 모양새로 비유하면서 그 처지를 안타까워하셨다.

「재아」편의 표제문으로 택한 21절에 나오는 재아(宰我, B.C.515-?)는 공자의 제자로서 말솜씨가 있었다고 한다. 『논어』 5장 「공야」편에서는 낮잠을 자다가 공자의 꾸중을 듣기도 한다. 그런 재아가 공자에게 부모가 돌아가신 후 치르는 삼년상을 1년 상으로 고쳐야 한다고 건의한다. 3년은 너무 길다는 것이다. 그러면서 여러 가지 이유를 대는데, 3년 동안 군자가 예악(禮樂)을 돌보지 않는다면, 즉 오늘날로 이야기하면 자신의 직업 현장에서 떠나 있거나, 기독교 목회자의 경우로 말하면 목회의 일을 사직하거나 휴직하고 물러나 있으면 여러 가지 문제가 발생한다는 것이다.

여기에 대해서 공자는 부모가 자식을 낳아 최소한 3년간은 보듬고 돌보아 주셨기에 자녀가 겨우 부모 품을 떠날 수 있지 않았겠느냐고 하면서 그렇게 우리(자녀)도 부모 사후에 온전히 3년 동안 상을 치르는 것은 마땅하다고 자신의 입장을 밝힌다. 그러면서 공자는 1년 상이면 족하다고 말하는 제자(재아)를 두고 "불인(不仁)하다", 즉 인간답지 못하다고 지적하며, "재아도 자기 부모한테서 3년 동안 사랑을 받지 않았겠느냐?" 또는 "(그런데) 재아는 자기 부모한테서 3년 동안 사랑을 받은 것일까?(予也有三年之愛於其父母乎)"라는 질문을 던진다. 이 구절을 어떻게 해석하는가에 따라서 포함된 의미도 많이 달라질 것이지만, 결국 우리 인간성의 출발에 대한 말씀인 것이다.

그동안 인류 사회는 그 경우의 수가 무한대에 가깝다는 바둑에서, 당시 세계 최고 실력자 이세돌과 인공지능 알파고(Alpha Go)와의 대결로 뜨겁게 달아올랐었다. 승부의 결과(4:1로 알파고 승)를 두고 과연 인간과 기계의 차이가 무엇인지, 인간의 고유성이 남아 있기나 한 것인지, 오히려 이제 기계가 인간을 지배하는 세상이 오는 것은 아닌지 하는 불안과 염려에 찬 질문들이 들끓었다. 이런 상황에서 지금으로부터 2천5백여 년 전에 살았던 공자의 이야기가 어떤 의미가 될 수 있을까를 묻는다. 그에게도 '인간답다(仁)'는 것은 무엇인가, '인간이란 무엇인가(人文)' 라는 것이 핵심 질문이었기 때문이다.

오늘날 세상 풍속에서 삼년상은 이미 현실과 거리가 먼 이야기가 되었다. 지금은 3년은커녕 1년, 아니면 49일, 또는 5일이나 3일도 제대로 지키기 어려운 상황도 속출한다. 하지만 오늘 이 말씀을 조금 다른 관점에서 풀어보고자 한다. 우리가 태어나고 이 세상을 떠날 때의 시간과 관련해서이다. 요사이 우리는 부모가 연로해서 병이 들면, 특히 치매나 노인우울증과 같은 정신적 병을 앓게 되면 그 부모를 가정 밖의 노인요양소로 보내는 일을 낯설지 않게 본다. 또한 출산율 세계 최저의 나라라는 지적을 듣는 한국사회이지만 아이들은 거의 태어나자마자 집 밖의 공공 육아기관으로 보내진다. 공자의 말씀대로 하면 참으로 비인간적이고 불인한(不仁) 상황인데, 이것을 타개할 근거로 그의 이야기를 다시 들을 수는 없는 것일까? 그것이 불가능한 일이 아닌 것이, 또한 단지 시대착오적이거나 현실을 모르는 이야기라고 치부해 버려서는 안 되는 것이, 오늘날 소위 서구의 선진국이라는 나라들이 그와 유사한 일을 이제 국가 복지의 차원에서 하고 있기 때문이다. 즉 아이가 태어나면 그 부모 중 한 사람이 최소한 3년간은 유급으로 육아휴가를 받을 수 있게 하고, 그래서 먹고 살기 위해서나 또는 경력의 관리라는 명목으로 인간으로서 가슴 아프고 고통스러운 일을 하지 않아도 되도록, 다시 말하면 오늘 우리 사회처럼 아이를 그렇게 일찌감치 집 밖으로 떼어 놓지 않도록 국가와 사회가 공동으로 책임지는 것을 말한다.

우리의 경우 여기에 더해서 전통적으로 효(孝)의 나라로 불렸던 것을 생각하며 자신의 늙은 부모를 돌보는 일을 위해서 누구나 적어도 3년간은 유급휴가를 받을 수 있도록 한다면 어떨까? 그래서 그 인생의 마지막을 외롭지 않게, 뼛속까지 '죽어 가는 자의 고독'을 느끼지 않게 하고, 가족의 손으로 친히 돌볼 수 있는 기회를 마련해 준다면 우리 인간으로서의 마음과 성품이 훨씬 더 순화되고 고양되지 않겠는가? 하지만 지금 우리 처지는 자식을 키우고, 부모를 돌보는 일을 스스로 하지 않고 집 밖으로 내어줄 때만 보조금을 받을 수 있고, 그래서 이제 보통사람들이 이 인간적인 일을 거의 손에서 놓고 사는 나라, 이것이 지금 대한민국의 복지 수준이다. 이런 나라에서 일곱 살 원영이의 죽음(2016)과 같은 일이 다시 일어나지 않으리라고 기대하는 일은 어불성설이다. (우리나라에서도 이후 상황이 나아져서 자격증있는 가족이 집에서 병든 부모를 간호해도 어느정도 보조를 받을 수 있게 되었다.)

태어나서 적어도 3년간은 가까운 삶의 반경에서 긴밀하고 친절한 인간적인 보살핌과 배려를 받으면서 자라고, 몸으로서는 이 세상을 마감하는 시간에 가장 가까이 지냈던 사람들에 의해서 애틋하고 정성어린 돌봄과 마중을 경험하는 일, 나는 오늘날 이 일을 공자가 말한 부모 삼년상과 태어난 후 3년간의 부모 양육이라고 이해한다. 그리고 우리가 이런 인간적인 일들을 다시 회복할 때 지금 인공지능 알파고(Alpha Go)의 등장으로 인류에게 예민하게 다가오는 기계와의 공존이라는 거센 파도를 좀 더 용이하게 넘어설 수 있다고 여긴다.

사실 우연히도 「재아」편에 공자가 바둑과 장기 두는 일에 대해 언급한 말씀이 나온다. 공자는 말하기를, "온종일 배불리 먹고서 마음 쓸 곳이 없다면 딱한 일이다. 장기나 바둑이란 게 있지 않느냐? 그것이라도 하는 편이 나을 것이다(子曰 飽食終日 無所用心 難矣哉. 不有博奕 者乎 爲之猶賢乎已)"라고 했다. 즉 공자에게 바둑이나 장기를 두는 일은 가급적 관심 둘 일이 아니다. 그런데 마음을 집중하지 않고 허송하는 것보다는 그런 데에라도 마음을 써서 집중해야 한다고 말씀하신다.

이 장에는 "본성은 서로 가까우나 습관으로 서로 멀어진다(性相近也 習相遠也)"라는 유명한 말이 나온다. 이세돌과 알파고의 대결을 두고 사람들은 인간 대 기계의 대결이라고 하지만, 더 엄밀히 말하면 그것은 '자연적(性) 인간'과 '도구적(習) 인간'의 경쟁이라는 게 맞다. 즉 인간이 자신의 본성을 보완하고 확장하기 위해서 끊임없이 도구(바퀴, 증기기관차, 전기, 컴퓨터 등)를 만들어서 그것을 이용하여 자신의 능력을 확장해 온 것처럼, 알파고의 등장은 새로운 기계와 습관(習)의 등장이고, 그 면에서 알파고가 이세돌(性)을 이기는 것은 결코 의아한 일이 아니다.

공자의 삼년상에 대한 이야기는 우리가 본성을 기르는 일에 관심을 두어야 한다고 가르친다. 그 본성은 인간 모두가 고루 담지하고 있는 인간성의 '씨앗(仁)'이고, "종자(穀種)"이다. 기계지능 알파고는 단지 과거의 지나간 것만을 통해서 존재하고, 자기 자신에게 몰두하지만, 인간은 바로 그 자신에 대해서도 때로는 스스로 'no'라고 말하는 자기희생과 내어줌의 존재일 수 있다. 또한 자신을 넘어서 상대와 함께할 수 있는 연민과 책임의 존재이며, 앞으로의 새로운 경우의 수를 상상할 수 없는 정도로 확장할 수 있는, 미래의 창조적 존재이다. 이세돌이 알파고를 이긴 최후의 인간이라는 기록·기억을 우리에게 남길 수 있었던 것도 이러한 인간 능력에 대한 집중으로 가능했을 것이라고 본다. 그의 가족적 사랑 안에서 길러진 인내와 집중력, 온 가족과 주변 사람들의 응원을 겸허히 받는 마음, 그리고 다시 자신의 현재를 뛰어넘는 직관력과 창조력 등이다.

우리는 항상 인간이었고, 동시에 항상 초인간(Posthuman)이었다. 이 두 가지 경지의 통섭이 인간 규정이라는 것을 다시 생각해 본다. 인류의 대표 주자로서 이 일을 뛰어나게 보여준 이세돌 구단, 하지만 그러는 사이에 한편에서는 우리 곁에 있으면서도 온갖 학대와 폭력으로 죽어간 어린 '원영이들', 이 둘 사이에서 앞으로 어떤 모습으로 우리 인간 공동 삶의 미래를 채워갈 것인가는 우리의 선택이고 기도일 것이다.

18. 명멸(明滅)하는 부활과 공자의 중도(中道)

『논어』18장 「미자(微子)」8

逸民 伯夷 叔齊 虞仲 夷逸 朱張 柳下惠 少連 子曰 不降其
일민 백이 숙제 우중 이일 주장 유하혜 소련 자왈 불항기

志 不辱其身 伯夷 叔齊與 謂柳下惠 少連 降志辱身矣 言中
지 불욕기신 백이 숙제여 위유하혜 소련 강지욕신의 언중

倫行中慮 其斯而已矣 謂虞仲 夷逸 隱居放言 身中淸 廢中
륜행중려 기사이이의 위우중 이일 은거방언 신중청 폐중

權 我則異於是 無可無不可.
권 아즉이어시 무가무불가

초야에 묻혀 사는 인물로 백이, 숙제, 우중, 이일, 주장, 유하혜, 소련
이 있다. 공자께서 말씀하셨다. 자기 뜻을 굽히지 않고 자기 몸을 욕
되게 하지 않은 사람은 백이와 숙제일 것이다. 유하혜와 소련은 뜻
을 굽히고 몸을 욕되게 했지만 그 말하는 것이 도리에 맞았고 행동이
사리에 맞았으니 그들은 그렇게 살아갔을 따름이다. 우중과 이일은
숨어 살면서 말을 함부로 하고 살았으나 몸은 깨끗이 유지했고 벼슬
에서 물러나 사는 것이 권도(勸道, 時宜)에 맞았다. 나는 그들과 달라
서 그래야 한다는 것도 없고, 그래서는 안 된다는 것도 없다.

성찰 ——

오늘 한국 정치와 사회가 요동을 치고 있다. 우리가 읽는 『논어』 「미자」편도 동아시아 춘추전국 시대의 요동치는 정국의 전환기를 잘 보여주고 있다. 나라의 정세가 요동을 치면 그 혼란을 피해 은자 (隱者)가 많아지고, 공자도 자신의 인간적 길(仁)의 제시가 계속 응답을 얻지 못하자 모국 노(魯)나라를 떠난다. 「미자」편은 이 주유의 길에서 만난 은자들의 이야기가 주를 이루고, 그들이 당시 공자를 어떻게 이해했는지, 공자 자신은 그 와중에서 과거의 역사를 어떻게 이해하면서 자신의 길을 갔는지 등을 보여준다.

이편의 이름이 된 미자(微子)는 은(殷)나라의 사사(士師)로서 상(商)의 폭군 주왕(紂王)을 제거하는 데 협조한 인물이다. 이번 표제문으로 삼은 8절은 공자가 역사에서 초야에 묻혀서 살아간 인물들이 방식은 서로 다르지만 각기 자기 시대의 어려움을 당하여 어떻게 초탈하며 살아냈는가의 세 가지 방식을 말해 준다. 먼저 우리가 많이 들어온 상나라 말기의 백이와 숙제는 자신이 섬기던 나라를 끝까지 저버리지 않고 충성을 지킨 의인으로 "뜻을 굽히지 않고 몸을 욕되게 하지 않은 자"로 설명된다.

두 번째로 춘추시대 노나라 초기의 유하혜는 비록 부당한 대우를 받았고, 불의한 군주와 함께해서 뜻은 굽히고 몸은 욕되게 했더라도, 현실에 참여하는 것을 사양하지 않으면서 기회가 되는 대로 바른 말과 행실로 그 역할을 충실히 해 나간 사람으로 여겨진다. 세 번째는 혼탁한 현실을 떠나서 은자가 되어 몸을 더럽히지는 않았지만 거침없는 말로 계속 현실 비판을 행한 사람들(유하혜와 소련)인데, 공자는 그것도 그들 시대에 맞는 선택(권도)이었다고 평가한다. 그러나 자신은 이들 모두와 달라서 "그래야 한다는 것도 없고, 그래서는 안 된다는 것도 없는" 입장이라고 밝히신다.

이러한 의미심장한 말씀을 어떻게 이해할 수 있을까? 이 대답의 의미가 무엇일까? 지금까지 보아 왔듯이 공자는 당시의 노자나 여러 은자들처럼 세상과 사람들을 피해서 칩거하는 일은 자신의 길이 아니라고 주장해 왔다. 이 「미자」편에도 당시의 사람들이 공자와 그 추종자들, 즉 유자(儒者)를 어떤 사람들로 이해하는가가 잘 나타난다. 5절의 이야기에 따르면, 바른 정치를 찾아 주유하는 가운데 만난 어떤 은자는 공자와 그 제자들을 덕이 쇠한 시대에도 "여전히 정치를 좇는 위태로운 무리"로 지칭한다. 또한 다른 이야기에서는 공자의 무리를 "도도하게 흐르고 변하는 천하의 흐름을 억지로 바꾸려는 사람들"이라고 비난한다. 그러면서 그 제자 자로에게 그 스승처럼 (바른 사람을 찾아서) "사람을 피하는 자(辟人之士)"를 따르기보다는 "세상 자체를 피하는 선비(辟世之士)"를 따르는 것이 더 낫지 않겠느냐고 조언한다.

이 말에 대해서 공자는 "한동안 겸연쩍어 하다가" "내가 새, 짐승과 더불어 무리지어 살 수 없는데, 그렇다면 이 사람의 무리와 더불어 살지 않으면 누구와 더불어 살겠는가?"라고 반문하신다. 그러면서 "천하에 도가 있다면 내가 더불어 바꾸려고 하지 않을 것이다"라고 응수하신다. 세상을 향한 공자의 깊은 우환의식이 잘 드러난다.

이런 뜻을 품고서 바른 정치를 펼칠 수 있는 군주를 찾아 주유하는 공자는 많은 오해도 받고 목숨이 위태롭게 되는 지경에 빠지기도 한다. 또한 그를 써 줄 것같이 하다가도 내침을 당하는 경험도 여러 번 한다. 제나라의 군주가 공자를 받아들일 것같이 하다가 나중에는 자신이 너무 늙어서 등용할 수 없다고 은근히 거절의 뜻을 보이자 공자는 지체 없이 그곳을 떠나신다. 또한 주색에 빠지는 군주를 보고는 미련없이 그를 떠난다. 그런 가운데서도 어떤 은자는 공자를 비난하기를, "자기 몸을 움직여서 생계도 꾸리지 못하면서 무슨 선생 역할을 하려고 하는가?"라고 지적하는데, 오늘 우리 시대에도 많이 듣는 말이다. 뜻을 찾는 일, 인간다움을 찾고자 하는 일, 참된 대학의 모습을 이루려고 하는 일 등을 실용주의와 공리주의, 행동주의의 관점에서 거세게 비판하는 것과 유사하다.

이런 가운데서 "그래야 한다는 것도 없고, 그래서는 안 된다는 것도 없다"는 공자의 자평을 다시 생각해 본다. 이 말이야말로 그가 지금까지의 모든 고통과 고난, 좌절을 겪고서, 그럼에도 불구하고 자신의 길을 계속 가고자 하는 가운데 얻은 진정한 자유인의 경지를 보여주는 것이 아닌가 생각한다. 공자는 오랜 세월 동안의 지난한 삶의 여정을 통해서 뜻(道)을 이룬다는 것이 꼭 자신에게만 달린 일이 아니라는 것을 통찰했다. 그의 '천명(天命)'에 대한 깨달음이 그것인데, 그러나 동시에 그 천명은 이곳에서의 우리 자신과 뜻을 품을 사람들에 의해서 이루어지고, 수행되고, 찾아지며, 또한 그래야 되는 일임을 아신 것이다.

나는 공자의 이 말씀을 "명멸하는 부활"이라는 기독교의 언어로도 잘 이해할 수 있다고 생각한다. 전통적 교회의 고정화된 부활 이해처럼 과거의 어느 한 시점에, 한번의 성취와 실행으로 완성되고 결정된 의미의 부활과 뜻 이해가 아니라 계속해서 찾아지고, 우리 각자의 삶에서 각자가 고유하게 이루고 성취해 내야 하는 부활과 구원 이해, 매순간과 현재의 기회와 선택 앞에서 우리가 새롭게 용기 있는 행위와 믿음으로 실현해 내는 구원과 뜻, 이것을 나는 "명멸하는 부활"로 이해하고, 공자가 여기서 말하는 중도(中道)의 역(易)의 길도 그것이 아닌가 생각한다.

공자는 자신의 나이 60세에 '이순(耳順)'하였다고 말씀하셨다. 어떤 이야기를 듣더라도 쉽게 화내거나 절망하거나 또는 과도하게 희망에 들뜨지 않고, 그의 신실한 제자 자로(子路, B.C.542-480)가 잘 지적한 대로 사람의 삶이 지속되는 한 그 공동체의 삶이 바르게(의롭게) 이루어지도록 하는 일은 놓아 버릴 수 없고, 그래서 이 세상에서 그 일을 맡고 관여하는 것은 사람으로서 마땅히 해야 하는 의로운 일이니, 의(義)와 도가 쉽게 행해지지 않으리라는 것을 알면서도 그 길을 갈 뿐이라는 것이다.

오늘 우리 시대에도 다양한 모습으로 정치하는 사람들이 있다. 또한 현실 정치에서 아주 떠나서 은자가 된 사람들도 있다. 오늘 이들에게 공자의 중도와 명멸하는 부활의 의미가 주는 가르침은 무엇일까? 그것은 모든 것이 자신에게만 달려 있다는 아집과 자만을 버리고, 과거에 이미 이룬 것에 집착하지 않고, 또한 한꺼번에 모두 이루려고 하는 조급함을 내려놓고, 그러다가 쉽게 포기하거나 좌절하지 말고 할 수 있는 한 계속하라는 것, 그 가르침이라고 생각한다. 또한 그렇게 자신에 대한 집착을 버릴 때 쉽게 사람들을 양분하고 편가르고 정죄하는 일들을 그만 둘 수 있을 것이다. 이 지혜는 단지 정치의 세계에만 적용되지 않고, 오늘 한국기독교 교회와 대학, 우리 자신의 일상과 생애의 삶에도 모두 해당될 것이다. 나도 그런 사람이 되고 싶다.

19. 전승 속의 도(道), 전승을 통해 영글어 가는 보편(理)

『논어』 19장 「자장(子張)」 6

子夏曰 博學而篤志 切問而近思 仁在其中矣.
자 하 왈 박 학 이 독 지 절 문 이 근 사 인 재 기 중 의

자하가 말했다. 널리 배우고 뜻을 돈독히 하고, 절실하게 묻고 가까운 데서부터 생각해 나가면 인(仁)이 그 가운데 있다.

성찰 ———

이 장은 『논어』의 마지막 두 장 중 하나로 공자 사후 제자들의 언술로만 이루어진 장이다. 여기에 등장하는 제자들은 자장(子張, B.C.503-?), 자하(子夏, B.C.507-?), 자유(子游, B.C.506-?), 자공(子貢, B.C.507-420), 증자(曾子, B.C.506-436) 등 다섯 명인데, 예수 사후 그 삶과 가르침이 제자들에 의해서 전승되고 그 전승의 과정에서 이해의 차이를 보이듯이 여기서도 그러한 경우들을 볼 수 있다.

이 장의 이름이 된 제자 자장은 공자보다 49세 어린 최연소자인

데, "선비는 위태로움을 보면 목숨을 내어놓을 줄 알아야 하고(見危致命), 이익을 보았을 때는 그것이 의(義)로운 것인가를 먼저 생각하고(見得思義), 특히 제사와 상사(喪事)에 공경과 애도를 다할 것(祭祀敬 喪事哀)"을 강조하였다. 이런 이야기 끝에 그는, "그만하면 되었다고 할 것이다(其可已矣)"라고 한 것을 보니, 스승의 가르침의 핵심을 이렇게 요약하여 전하고자 한 것 같다.

이번에 우리가 표제문으로 삼은 말은 살아생전의 공자와 닮았다고 하는 제자 자하(子夏)의 이야기이다. 여기서 우리는 공자와 맹자의 춘추전국시대가 가고 한나라(漢, B.C.206-A.D.220)가 있었으며, 이후 거의 천여 년 동안 송나라(A.D.960-1279) 때 불교나 도교에 눌려 있던 유교가 다시 신유교(新儒教)의 모습으로 부흥하면서 거기서 중요한 공부의 독본이 된 『근사록(近思錄)』의 명칭이 연원한 것을 본다.

『근사록』은 주희(朱熹, 1130-1200)와 그 친구 여조겸(呂祖謙, 1137-1181)이 북송 시대의 주돈이(周敦頤, 1017-1073), 장재(張載, 1020-1077), 정명도(程明道, 1032-1085), 정이천(程伊川, 1033-1107) 등 유교 현인들의 말씀을 편집해 놓은 책이다. "가까운 것으로부터 시작하여 성찰함(近思)"이라는 이 용어는 실천과 공부, 도(道)와 학(學), 현실과 이상의 하나됨을 지향하는 유교적 가르침을 잘 표현해 주고 있어서 주희가 나중에 그것을 독본의 제목으로 삼은 것이다.

나는 거기서 더 나아가서 이 짧은 세 절의 문장 안에 인간적 삶의 전체가 들어가 있는 것을 본다. 20세기 여성정치학자 한나 아렌트가 그녀의 저서 『정신의 삶(The life of the mind)』에서 인간의 정신적 삶을 '사고(thinking)와 의지(willing), 그리고 판단(judging)'의 세 가지로 본 것과 유사하게, 공자의 인(仁), 인간다움, 인간적 삶, 또는 더 보편적으로는 생명성(性)이 세 가지의 활동으로 나타나는 것으로 보는 것이다. 인간의 삶도 포함해서 생명은 '관계성(relatedness)'이다. 여기서는 그것을 "박학(널리 배움)"으로 표현했다고 생각한다. 관계 속에서 지낼 것, 그것도 넓은 관계를 맺는 것이 중요하고, 그것이 공부이고, 책을 읽는 것이고, 친구를 사귀는 것이며, 여행을 하는 것 등이라는 의미이겠다.

"독지(뜻을 돈독히 함)"란 우리가 생명에 머물러 있다는 것 자체가 뜻을 가지고 있고, (삶의) 원초적 의지가 표현되는 것이라는 의미로 이해할 수 있다. 여기서 한 단계 더 나아가서 인간으로 산다는 것은, 다시 말해 주체로 자각하면서 진정한 관계 속에 산다는 것은 그 뜻을 한 차원 더 고양시키는 일이 아닐까? 삶에서 뜻을 발견한다는 것, 그것을 독실하게 찾고 밀고 나가는 것, 인간적 바람(willing)과 소망(hope)을 갖는 것을 말하는데, 공자는 그 일을 인생의 시발점(立志)으로 보았고, 자하는 그것을 인(仁)을 향한 독지로 본 것이다.

그 뜻을 찾아나가는 일은 절실해야 한다. 절실하다는 것은 현재 자신에게 부인하려야 부인할 수 없이 확실히 다가오는 것, 즉 '느끼는 것(feeling)'에 주목하는 일이다. "절문(절실하게 묻는 것)"은 그런 의미에서 우리의 느낌과 직관에 주의하는 일이므로, 유교나 공자의 인, 또는 우리가 생각하는 일(思)이 느낌이나 몸의 감각, 직관 등과 관계없다고 하는 것은 이 초기 유교의 본 뜻을 왜곡하는 일이다. 절박하게 묻는 사람이 어떻게 그것을 자신의 몸으로 느끼지 않을 수 있으며, 그래서 자신의 몸의 느낌과 감각을 무시할 수 있겠는가?

"근사(近思)", 가까운 일에서부터 생각해 나감(thinking)은 결국 판단(judging)을 바르게 하기 위함이다. 우리 삶의 관계 속에서 느끼고 소망하는 일을 어떻게 삶에서 바르게, 통합적으로 판단과 행위로 표현해 내는가가 삶의 관건일 것이다. 이 일을 위해서 우리가 정신을 똑바로 차리고(thinking), 잘못된 욕망에 굴복하지 않고(willing), 주관적인 느낌에 휘둘리지 않으면서(feeling) 잘 살아내는 일(judging, acting), 이것이 인간 보편의 일이고, 결국 이 일은 기독교도 불교도 마찬가지로 목표로 정진하는 일일 것이다. 나는 이렇게 삶의 보편을 유교가 참으로 '보편적으로' 표현하고 있다고 여기고, 그래서 21세기 새로운 인류 문명을 위해서 유교 영성이 "가장 적게 종교적이면서 참으로 영적으로 풍성한" 영성으로서 크게 역할하기를 기대한다.

이 「자장」편에서 나타나는 제자들 간의 의견 차이와 갈등은 이러한 인간적 삶에서 어떤 활동을 더 중시하는가의 차이라고 할 수 있다. 즉 제자 자유(子游)는 자하의 제자들이 이러한 수행의 과정에서

"물 뿌리고, (어른들의) 부름에 응답하고, 질문에 답하고, 나오고 물러나는 몸가짐의 일(灑掃應對進退)" 등 일상의 몸 습관 들이는 일은 잘하지만 거기에 몰두하느라 (고차원적인) 공부하는 일(學)은 잘하지 못한다고 비판한다. 그러자 자하는 "군자의 도에 있어서 어떤 것인들 함부로 할 수 있겠는가? 처음도 잘하고 끝도 잘할 수 있는 그런 사람은 오직 성인뿐일 것이다(君子之道 焉可誣也 有始有卒者 其惟聖人乎)"라고 응대하였다. 다시 한번 유교 영성과 도의 추구는 어떠한 일인가를 잘 드러내는 말이라고 할 수 있다.

그러나 이렇게 작고 섬세한 일상적인 예절로부터 시작해서 크고 높은 하늘의 도를 논하고 구현하는 일까지 두루 섭렵하여 잘하기는 정말 어렵다. 유교적 성인의 추구는 그래서 일상을 떠나서 출가하는 불교나, 교회라는 따로 구별된 예배 장소가 있는 기독교의 그것보다도 어렵고, 정말 불가능한 일을 추구하는 일이라는 지적이 있다. 바로 가장 세속적인 일과 장소로 여겨지는 정치나 교육, 가정 등에서 도를 추구하는 일이기 때문에 그러하다(이은선, 『잃어버린 초월을 찾아서-한국유교의 종교적 성찰과 여성주의』, 모시는사람들, 2009). 그래서 공자의 제자들 사이에서도 입장이 나뉘어 어떤 이는 큰 도를 이루는 일이나 선비로서의 공적 공헌을 우선시하는가 하면, 어떤 이는 오히려 스승의 참 뜻은 세세한 일과 일상생활 속에서 예를 다하는 것이라고 강조하였다.

그런 가운데서도 그들이 다음과 같이 스승으로부터 받은 가르침을 전하고, 그에 대한 존숭을 표하는 것을 보면서 우리는 공자와 유교 가르침의 핵심과 기초가 어디에 있는가를 가늠한다. 증자가 전하기를, "평소에 자신의 일에 정성을 쏟지 않는 사람이라도 어버이의 상(喪)을 당해서는 반드시 정성을 다해야 하고(人未有自致者也 必也親喪乎)", 또한 "부모 세대를 향한 효(孝) 중에서 참으로 어려운 일은 부모와 함께했던 사람들과 그 뜻을 저버리지 않는 일(其不改父之臣 與父之政 是難能也)"이라고 했다고 전한다. 이것은 물론 오늘날 많은 다른 해석의 여지를 남기고 있지만, 그만큼 유교적 도는 이 세상에서의 세대를 잇는 전승과 지금 여기에서의 삶을 통한 뜻의 실현을 중시한 것으로 이해할 수 있다.

사람들이 제자에게 묻기를 너희 선생님(공자)은 어디서 배웠느냐고 물었다. 이것은 어느 특정한 학파나 스승을 물은 것이다. 거기에 대해서 자공은 대답하기를, "문왕과 무왕의 도(文武之道)는 아직 땅에 떨어지지 않았고, … 문왕과 무왕의 도를 지니고 있지 않은 사람은 없습니다. 우리 선생님께서 어디에서나 배우지 않은 데가 있었겠습니까? 그러니 어찌 일정한 스승을 모셨겠습니까?(… 莫不有文武之道焉 夫子焉不學. 而亦何常師之有)"라고 답했다. 이 대답 속에서 모든 사람, 모든 경우를 통해서 배우고 깨닫고 깨우치는 일을 계속해 나간 공자를 그려볼 수 있고, 여기에 더해서 기독교 복음에서도 하늘 부모님을 모시고 그 뜻을 이루는 일에 몰두했던 효자(孝子)로서의 예수, 그도 역시 어느 특정한 선생을 가지고 있지 않았던 삶을 겹쳐서 그려볼 수 있다.

자신들은 이러한 인격의 진수를 제대로 알아차리는 것조차 어려운 일이라고 제자들은 고백한다. "집의 담장에 비유하자면 우리 담장은 어깨에 닿는 정도여서 안의 좋은 것을 다 들여다볼 수 있어 오히려 화려해 보일지 모르지만, 선생님의 담장은 몇 길이나 되어서 그 안으로 들어가는 문을 찾지 않으면 안의 아름다움과 풍부함을 볼 수 없는데, 그 문을 찾는 사람이 드물다(其何傷於日月乎)"는 것이다. 또한 "다른 사람들의 현명함은 넘어갈 수 있는 언덕 정도이지만, 스승 공자는 해와 달과 같아서 넘어갈 수 없고, 사람들이 그를 비방하며 그와의 인연을 스스로 끊으려고 하지만 그렇다고 해와 달에게 무슨 손상이 있겠는가?"라고 되묻는다. 오히려 그러한 사람들이 자신들이 제대로 헤아릴 줄 모르는 것을 드러낼 뿐이라고 지적한다.

오늘 이런 인격의 스승이 그립다. 그런 스승을 모시고 배우고, 그것을 다시 다음 세대로 전하고, 그런 가운데 우리 세대와 인간 삶과 이 지구와 우주는 점점 더 큰 대동(大同)의 가능성을 이루어갈 것이다. 그 일의 기초가 좁은 반경의 가족적 삶이고, 자신이 누군가에 의해서 '탄생된' 존재라는 것을 잊지 않고 그 본분을 다하고, 다시 자신도 누군가, 무엇인가를 다음 세대를 위해서 탄생시키고 전해주는 일을 하는 것, 유교적 전승이 우리에게 삶의 보편으로 가르쳐주는 가르침이라고 생각한다.

2016년 6월, 어린이 날, 어버이의 날, 스승의 날이 있던 5월을 보내고 집안의 혼인식을 앞두고, 그 가장 가까운 일에서 바르게 살피고, 느끼고, 판단하는 일이 많이 어려워서 스페인의 산티아고 순례길(the way of Santiago)로 갔었다. 그리고 그처럼 구별된 성스러운 길을 걸을 때는 모든 것을 잘 할 수 있을 것 같았다. 그러나 다시 일상과 삶으로 돌아와서 자식의 혼인식을 준비하고, 자식과 아내, 엄마, 선생으로서 일상의 일을 하면서 살아가려니 근사(近思)가 얼마나 어려운 일인가를 다시 실감하면서 그래도 해 보려고 다시 마음을 가다듬었다.

20. 공자를 통해 공자를 넘어 도의 근원(道源)으로

『논어』20장 「요왈(堯曰)」1

堯曰 咨爾舜 天之曆數在爾躬 允執其中 四海困窮 天祿永
요왈 자이순 천지력수재이궁 윤집기중 사해곤궁 천록영

終 舜亦以命禹 曰 予小子履 敢用玄牡 敢昭告于皇皇后帝
종 순역이명우 왈 여소자리 감용현모 감소고우황황후제

有罪不敢赦 帝臣不蔽 簡在帝心 朕躬有罪 無以萬方 萬方
유죄불감사 제신불폐 간재제심 짐궁유죄 무이만방 만방

有罪 罪在朕躬 周有大牢 善人是富 雖有周親 不如仁人 百
유죄 죄재짐궁 주유대뢰 선인시부 수유주친 불여인인 백

姓有過 在予一人 … 所重民食喪祭 寬則得衆 信則民任焉
성유과 재여일인 … 소중민식상제 관즉득중 신즉민임언

敏則有功 公則說.
민즉유공 공즉열

요임금이 말씀하셨다. 아 그대 순(舜)이여! 하늘의 차례가 그대 몸에
이르렀으니 진실로 그 중(中)을 잡으시오. 세상이 곤궁해지면 하늘의
봉록도 영원히 끊어질 것이오. 순임금도 우(禹)임금에게 자리를 물려
주며 같은 말을 일렀다. 탕(湯)왕이 말하였다. 저 소자 이(履)는 감히
검은소를 제물로 바치고 크나큰 상제께 고합니다. 죄 있는 자를 함
부로 사해 주지 않고, 감히 상제의 신하를 은폐하지 않사오니, 그것

을 가려내는 것은 상제의 마음에 달려 있습니다. 제 몸에 죄가 있다면 그것은 만방 때문이 아니고, 만방에 죄가 있다면 그것은 모두 제 자신에게 책임이 있습니다. 무(武)왕이 말했다. 주(周)나라에는 하늘이 내려주신 큰 혜택이 있으니 착한 사람이 부유하게 된다. 비록 가까운 친척이 있다 해도 인(仁)한 사람만 같지 못하다. 백성들에게 허물이 있으면 그 죄는 모두 나 한 사람에게 있다. … 그가 소중하게 여긴 것은 백성과 식량과 장례와 제사였다. 관대하면 많은 사람들이 따르게 되고, 신의가 있으면 백성이 신임하게 되고, 민첩하면 공적을 이루게 되고, 공평하면 백성들이 기뻐하게 된다.

성찰 ──

「요왈」편은 세 개의 절로 구성된, 『논어』 마지막의 가장 짧은 글이다. 초기 사본에는 없는 것으로 보아서 편집 마지막 시기에 보태진 것으로 보인다. 바로 앞의 「자장」편에 이어서 도(道)의 전수에 관한 것인데, 「자장」편이 공자 사후의 전승에 관한 것이라면 이 편은 오히려 공자가 전해 받은 도의 기원으로 거슬러 올라가서 요순(堯舜) 시대로부터 시작한다.

요임금과 순임금은 동아시아 전통의 전설적이며 이상적인 임금으로서 요임금이 천자의 자리를 내어줄 때 자기 아들이 아닌 덕 있는 순(유명한 효자)을 찾아내어 그에게 선양한 이야기는 널리 알려져 있다. 이 마지막 편의 이름이 된 요왈은 그 요임금이 순임금에게 자리를 선양하면서 당부하신 말씀을 밝혀준다. "하늘의 차례(天之曆數)"가 그대(舜)에게 이르러 자리를 받게 되는 것이니 이쪽이나 저쪽으로 치우치지 말고 항상 "중(中庸)"을 택하라는 것이다.

이 중(中)은 이후 공자의 손자 자사(子思, B.C.483-B.C.402)가 지은 것으로 여겨지는 유교 사서(四書) 중 하나인 『중용中庸』의 핵심 언어로 전수되었다. "사람의 마음은 위태롭고(人心惟危), 도의 마음은 오묘하니(道心惟微), 오직 집중하고 한결같이 하여서(惟精惟一) 중을 잡으라(允執厥中)"라는 가르침은 이후 유교 형이상학과 인식론, 실천론 등의 모든 영역에서 유교 도의 정수로 매번 새롭게 해석되었다.

이 유교의 기원 전승에서 잘 드러나듯이 유교 가르침은 원래 혈연이나 가족 중심주의가 아니다. 요임금이 그 아들 대신에 지극한 효자로 알려진 순을 찾아서 선양한 것이나, 순임금도 큰 정성과 수고로 홍수를 다스린 우(禹, B.C. 2070년경)를 후계자로 삼은 것 등은 모두 유교 전승의 본래 뜻이 어디에 있는지를 알게 한다. 그 뒤를 이은 은(殷, B.C.1600-B.C.1046)나라의 탕왕도 위의 본문이 밝히는 대로 하늘의 상제에 대한 깊은 믿음과 세상 만물에 대한 책임의식으로 만방의 모든 죄가 자신에게 근원한다고 고백하면서 세상에 대한 깊은 우환의식과 책임의식을 잃지 않고 지도자의 역할을 수행해 나갔다. 은나라에 이은 주(周, B.C.1046-B.C.256)나라의 무왕도 "비록 가까운 친척이 있다고 해도 인(仁)한 사람만 같지 않다"고 고백하였다.

이러한 사례들은 유교 도의 전승이 결코 좁은 가족주의나 연고주의보다 훨씬 더 근본적인 보편의 도(仁, 인간성)에 근거해 있음을 밝혀주는 것이라고 이해할 수 있다. 그런 무왕은 "저울과 도량형을 중하게 다루고, 법도를 자세히 살피고, 없어진 관직을 되살려서 사방에 정치가 행해지게" 했다고 한다. 공자는 이러한 무왕의 동생 주공(周公, BC.1100년-?)의 사심 없음과 겸손의 정치를 가장 존경했고, 그를 지향점으로 삼으면서 "하늘의 도(天命)"를 인식할 수 있는 "인간성(仁/禮/言)"에 대한 깊은 신뢰를 가지고 바른 정치를 통한 세상의 구원을 믿었다.

이렇게 유교적 도는 풍성하게 영적이면서 외형은 적게 종교적인 도로서, 오랜 동아시아적 기원으로부터 영글어 왔다. 그것은 거룩(聖, the sacred)과 세속(俗, the profane), 종교와 정치, 정치와 교육·문화, 배움(學)과 사회적 실천(公), 가정(私)과 사회(公) 등을 둘로 나누지 않고 하나로 긴밀히 연결하는 세간적(世間的) 종교의 모습이다. 바로 세속적 삶의 한복판에서 최고의 도를 실현하려는 영적 추구인 것이다. 그런 의미에서 기독교나 불교와는 다르게 유교는 성직자가 따로 있지 않았으며, 그래서 그러한 유교적 도는 오히려 누구나 매일의 삶 속에서 일상적이고 실천적인 방식으로 종교적 수행을 지속해 나가는 이슬람적 추구와도 잘 통할 수 있다.

오늘날 세계적으로 기독교와 이슬람의 갈등이 매우 심각한 상황에서 동아시아에서의 유교와 이슬람의 대화는 인류 문명에 또 다른 전기를 마련해 줄 수 있다고 여긴다. 유교의 내재신적 지향은 이슬람의 과격한 신 중심주의를 완화시켜 줄 수 있다. 반면 이슬람의 매일의 삶에서의 구체적인 종교적 실행은 그와 유사하지만 유교가 그동안 많이 상실했던 본래의 종교적 의미를 회복시켜 줄 수 있을 것으로 보인다. 그러나 우리가 잘 알듯이 이 둘은 모두 여성과 젠더적(性的) 자아에 대한 물음에서 큰 전환을 필요로 하는데, 이 전환은 서구 기독교 문명의 딸인 현대 페미니즘과의 대화를 통해서 보다 용이하게 얻을 수 있다.

이렇듯 오늘날 더욱더 적극적이고 다양한 종교문명 간의 대화는 인류의 미래를 위해서 매우 긴요하고 풍성한 기회가 될 것이다. 지금까지 각 문명이 서로 나뉘어져 다양하게 전개시켜 온 문명의 실천들을 우리 모두가 인간(人), 인간성(仁)이라는 공통점에 근거해서 서로 연결해 볼 수 있지 않겠는가 생각한다. 그래서 서구 중세 이후 근대를 시작하는 길목에서 『현자 나단』의 레싱(G.Lessing, 1729-1781)이 외쳤고, 한국 『정역(正易)』의 창시자 일부 김항(一夫 金恒, 1826-1898) 선생도 유사하게 표현하듯이 서로 간의 화합을 위해서 "인간, 인간이면 족하다"라는 말귀가 더욱 귀하게 들려온다. 김일부 선생은 그러한 앞으로의 세대를 수운 최제우(崔濟愚, 1824-1864) 선생의 동학을 통해서 더욱 잘 알려진 "후천개벽"의 시대로 지시하면서 "천지는 일월(日月)이 아니면 빈 껍질이요, 일월은 지극한 사람(至人)이 아니면 헛된 그림자다(天地匪日月空殼 日月匪至人虛影)"라고 선포하였다.

이것은 지금까지 공자를 통해서 그의 말을 가지고 뜻을 찾고자 탐색해 왔던 우리로서는 그 공자를 넘어서, 또는 공자도 거슬러서 더 근원적으로 도의 기원(道源)으로 가고자 하는 일이고, 또한 한민족 고유의 몸과 전통에 더욱 가까이 다가가고자 하는 노력이기도 하다. 한말의 저항적 유학자 해학 이기(海鶴 李沂, 1848-1909) 선생도 비슷한 의미에서 당시 동점해 오던 서세(서구)의 천주교도 넘어서고, 전통의 중화주의적 유교도 넘어서서 '참인간(神人, 眞君)'의 이상을 지향하는 "진교(眞敎)"의 탄생을 희구했다. 그것은 한민족 고유의 민족종교 의식을 새롭게 중광하고 혁신해서 참다운 자주와 주체, 민권과 공동체성의 새나라와 새 세계를 이루려는 참종교를 향한 환상과 저항이었다. 이번에 집언봉사 논어 이야기의 마지막 말로 해학의 이상이 떠오른 것은 백년 전의 그의 꿈을 우리가 이어 받아야 함을 지시하는 것인지 모르겠다.

2부

공자의 자아실현 단계와
우리 인격의 변화

1. 공자의 삶과 우리 삶의 과정

공자(孔子, B.C.551-479)는 자신의 일생 여정을 크게 여섯 단계의 공부과정으로 나누어서 다음과 같이 밝혔다. 그것은 15세에 인생의 뜻을 세우고, 30세가 되어서 스스로 섰으며, 40세가 되어서는 삶에서의 의혹이 사라지게 되었고, 50세가 되어 다시 한번 삶의 뜻을 확실히 알게 되었으며, 60세가 되니 모든 것을 받아들일 정도로 귀가 순하게 되었고, 70세가 되어서 드디어 자신이 원하는 것과 세상의 객관의 도가 온전히 하나가 되었다는 고백이다(吾 十有五而志于字, 三十而立, 四十而不惑, 五十而知天命, 六十而耳順, 七十而從心所欲不踰矩).

유교의 핵심은 인간은 누구나 '배움'과 '공부(學)'를 통해서 도덕적으로 위대해질 수 있고, 심지어는 '성인(聖人)'의 경지에까지 이를 수 있다고 가르친 것이다. 여기서 공부는 오늘날의 학교교육이나 제도교육처럼 어느 일정한 기간의 과정으로만 이해하지 않았고, 일생에 걸쳐 지속되며 모든 인간의 관계 안에서 이루어지는 총체적인 삶의 일로 보았다. 이것을 오늘의 의미로 보면 성인교육과 평생교육이요, 교육이라는 작업의 시공적 확장을 말하는 것으로, 현대 서양 발달심리학과 사회학, 교육학 등에서 이 성인교육과 평생교육의 지평 확장이 널리 퍼진 것이라면 이러한 유교 전통과의 대화는 의미가 깊다고 하겠다.

지난 1990년대에 한국에 번역 소개된 다니엘 레빈슨(Daniel J. Levinson)의 『남자가 겪는 인생의 사계절(The Seasons of Man's Life)』은 일찍이 성인기 삶의 진행에 관심하며 성인기의 삶도 아동기나 청년기와 마찬가지로 기본적인 발달 순서에 의해서 진행되는 것을 강조하였다. 따라서 그 기간의 이해에도 발달론적 접근이 필요하고, 거기서의 삶의 구체적 특성들이 더욱 탐구되어야 함을 말하였다. 이것은 교육과 배움을 삶의 전 과정으로 보면서 이제까지 크게 주목받지 못했던 성인기부터의 삶의 진행을 교육학적이고 성인발달심리학적으로 더 폭넓게 조망한 것이라고 할 수 있다.

레빈슨 등의 연구는 여러 임상적, 인류학적, 사회학적, 역사적 연구에 근거하면서 이 진행 주기나 시기들, 그 내용이 범인류적으로 매우 보편적인 것을 이야기한다. 이들에 따르면 각 시대와 종족들에서의 개개인은 일정하지 않은 다양한 방식으로 시기들을 통과하지만 그 시기들 자체는 보편적이라고 한다. 그리고 이 시대와 시기들은 과거 5천년 내지 1만년 동안 인간의 발달을 지배해 왔다고 한다. 그리하여 대략 열다섯 살 또는 스무 살에서 약 마흔 살까지 뻗어 있는 성인기 초기를 거쳐, 중년기는 대략 마흔에서 예순 살까지 지속되는 것으로 보았고, 예순 살쯤에 성인 후기가 시작된다고 하였다. 또한 이 인생주기의 관점을 더 거시적인 '인류의 진화'라고 하는 조망으로도 이해할 수 있으며, 이것을 교육학적으로 보면 인간교육에 있어서의 더욱더 전개된 역사적, 인류학적 의식을 말한다(다니엘 레빈슨, 김애순 옮김, 『남자가 겪는 인생의 사계절』, 이화여대출판부, 1996).

지금까지 현대 학문은 매우 분파적이었다. 그러나 이제 인간 삶 전체가 학문적으로 관심 대상이 되고 그 인간 삶이 성인기에 들어서서도 지속적으로 전개되며, 그것이 또한 인류 진화의 과정 속에도 포함된다는 것이 의식되면서, 인간에 대한 이해는 점점 더 간학문적(interdisciplinary)이고 통합적인 접근을 필요로 하게 되었다. 이러한 상황 인식으로부터 '교육'에 대한 이해도 크게 변하여, 그것을 인간 성장과 진화라고 하는 포괄적이고 장기간에 걸친 작업이라고 생각해 볼 수 있게 되었다. 그러므로 거기서의 인간 성숙의 목표와 과정 등을 동서양의 두 사상 전통은 어떤 이해를 가지고 보았는지를 살피는 일은 매우 의미있다.

유교 전통에서 공자의 인간 발달과 교육 이해는 매우 통합적이고 뚜렷한 목표(聖人之道)를 토대로 하여 이루어진다. 한 인간의 일생으로 관심의 영역이 확대되면서 그 작업도 가정과 사회(정치), 공부와 일, 신체와 정신, 지적 교육과 도덕교육 등을 모두 포괄한다. 여기서 인간 성숙의 뚜렷한 목표가 제시되어 있으므로 현대 인간 이해나 교육 이해에서의 분절화와 방법론화를 극복할 수 있는 좋은 시사가 들어 있는 것을 본다. 하지만 서양 발달심리학 등에서의 인간 성숙 이해와 교육 이해는 구체적이고 임상적인 예를 가지고 그 과정 자체를 세밀히 밝혀내고 현실적인 언어로 설명하고 있으므로, 전통적인 유교의 관념들이 그러한 서구의 학적 개념을 통하여 더욱더 분명해 질 수 있고, 거기서의 교육적 의미가 잘 밝혀질 수 있다고 생각한다.

오늘날의 이러한 간학문적 학문방법론의 필요성을 생각하고 인류학, 역사학, 사회학, 심리학 등의 통합적 이해 안에서 어떤 인간 발달과 성숙에 대한 이해가 얻어질 수 있을지 기대된다. 특히 그것이 동아시아의 유교적 언어로는 어떻게 표현되는지 궁금하다. 이러한 간학문적인 비교연구는 인간교육과 성인 삶의 발달 과정에 대한 더욱더 포괄적인 이해를 추구한다. 그것은 오늘날 우리 삶에서만 아니라 교육에서도 목표가 부재한 시대에 다시 그 목표를 선명하게 의식하게 한다. 오늘 동양사상과 서구 심리학이 활발하게 만나고 있고, 특히 신유교의 섬세한 인성론이 현대 발달심리학적인 언어로 해석되면서 그 안에 감지된 인간 이해의 또 다른 차원이 열리는 것을 볼 때 의미 있는 접근이라고 하겠다.

2. 인간의 삶은 계속해서 발달(변화)하는가?

(1) 현대 발달심리학의 이해

20세기에 들어서서 인간의 생물학적 수명은 크게 늘어났다. 이러한 수명의 증가와 더불어 교육과 노동을 포함한 여러 사회적 환경의 변화는 우리로 하여금 성년기 삶을 다시 생각하게 하고 '나이를 먹는 것(Aging)'에 대해 숙고하게 만든다. 인간의 삶은 계속해서 변화하는가? 거기에는 발달(developments)이 있고 진보(progressions)가 있는가, 아니면 우리가 우리 자신뿐만 아니라 주변의 많은 사람들에게서 보듯이 삶에서 변화란 어려운 것이고 인간의 성격(personality)은 거의 고정되어 있어서 변화를 이야기한다는 것은 무의미한 것일까?

성인기 이후의 인간 삶에 대한 발달론적 연구가 활발해졌다. 심리학과 사회학에서만 아니라 세계에 대해서 점점 더 확장된 이해를 하게 되면서, 인간에 대한 연구는 더욱더 역사적이고 과정적인 것이 되었다. 심리학에서 '발달(human development)'이 주로 아동기와 청소년기에만 해당되는 것으로 이해되어 오다가 그것이 생애 전체를 포괄하는 문제라는 의식이 확산되면서 그에 대한 여러 가지 관점의 차이도 드러나게 되었다. 먼저는 서양 발달심리학에서 'personality(성격 또는 인격)'를 어떻게 보느냐에 따라서 인간 삶의 변화 가능성에 대한 입장이 달라진다. 일반적으로 '성격'이라고 번역하여 한 인간이 지속적이고 일관되게 가지고 있는 심리적인 '특질(Traits)'로 이해할 때는 인간의 변화 가능성에 대해 부정적이다. 장기간에 걸친 여러 실증적인 연구 결과들에 따르면 인간의 삶에서 변화란 그렇게 쉬운 것이 아니고, 나이가 든다고 해서 성격이 변화되는 것은 아니라고 한다. 그러나 또 한편에서는 personality를 그렇게 좁은 의미로만 해석하는데 반대하고 오히려 '성품(character)'이나 인격의 의미로 해석하여 거기에는 삶의 동기들과 인생의 목표, 그리고 심리적인 모든 작용들을 포함시켜야 하며, 그럴 때 성년기 이후의 삶의 변화를 얘기할 수 있다고 한다.

미국의 발달심리학자 맥아담스(Dan P. McAdams)는 퍼스낼리티의 세 가지 차원을 구별하여 말했다. 그에 따르면 우리가 인간 삶의 변화 가능성을 논할 때 다음의 세 차원을 구별해서 지적해야 하는데, 먼저는 위에서 말한 '특질(Traits)'로서 얘기한 성격의 차원이다. 이 차원에서는 고정성이 더 강고하게 주장된다. 대표적으로 인간 성격의 다섯 가지 특질인 외향성(Extraversion), 신경증적 경향성(Neuroticism), 개방성(Openness), 사교성(Agreeableness), 신중성(Conscientiousness)의 특질은 쉽게 변화되지 않으며, 여기서 인간의 성격은 대략 30세를 전후로 거의 안정된다고 한다. 그러나 그는 이 차원만 가지고 인간의 퍼스낼리티를 다 섭렵했다고 말할 수 없다는 것을 강조한다. 그리하여 두 번째의 차원이 이야기되는데, '개인적 관심(personal concerns)'의 차원이다. 첫 번째 특질의 차원에 비해서 한 사람이 삶에서 무엇을 원하는지, 어떤 목표를 가지고 있는지, 주변의 사람들을 어떻게 생각하는지 등을 말하는 개인적 삶의 차원이다. 거의 정체적인 앞의 차원과는 달리 이 차원은 동기적이고, 발전적이며, 또한 목적 지향적인 측면을 찾아 볼 수 있다고 한다.

맥아담에 따르면 이 차원은 첫 번째 특질의 차원으로 환원될 수 없고, 이 차원의 중요성이 간과되어서는 안 되며, 거기서는 인생의 과정 속에서 눈에 띄는 변화를 살펴볼 수가 있다. 에릭슨(E. H. Erikson)이 인간 삶의 발달에서 성인기 이후의 특징적 모습으로 이야기한 "생산성(generativity)"에 대한 관심의 증가는 바로 이러한 차원에서의 변화를 말하는데, 최근의 성년기 발달에 관한 22년간의 긴 연구 조사에 의하면 성년기 이후에 이 방향에로의 괄목할 만한 변화가 드러났다고 한다.

그러나 맥아담에 따르면 이 두 번째 차원으로도 인간 삶을 다 드러낼 수 없다. 그리하여 다시 세 번째 차원을 제시하는데, 그것은 바로 최근의 인간 삶의 연구에서 특히 주목받는 "삶의 이야기(Life Narrative)" 측면이다. 이것은 두 번째 차원의 이야기가 여전히 인간 삶의 이해에서 통합적이고 전체적인 연관성을 제시해 주지 못하는 데 반해 여기서 각자의 삶에 대한 서술적 이야기는 그 삶이 무엇을 향하는지, 또한 스스로가 자신의 삶을 어떻게 형성해 나가는지를 전체적으로 보여준다는 의미이다. 즉 삶을 진정으로 통일된 모습으로 파악하는 것을 말한다.

이러한 입장에 따르면 인간의 '아이덴티티(Identity)'란 "내면화된 자기 진화의 이야기(Internalized and Evolving Story)"이다. 거기에는 스스로가 재구축한 과거 이야기, 현재 자신의 삶에 대한 파악, 그리고 미래에 대한 선취된 전망들이 함께 어우러져 있다. 그러므로 그것은 단지 성격(Traits)만도 아니고 관심(Concerns)의 차원만도 아니다. 오히려 내가 어떤 과정을 거쳐 지금에 이르렀는지, 나는 무엇을 추구하고 어떤 방향에서 내 삶을 구축해 나가기를 원하는지를 통합적으로 가르쳐 주는 '삶의 이야기(narrative)'가 참다운 아이덴티티를 드러내 준다는 것이다.

1970년대 『남성이 겪는 인생의 계절들(The Seasons of Man's Life, 1978)』에 이어 다시 『여성이 겪는 인생의 계절들(The Seasons of Woman's Life, 1996)』을 발표한 레빈슨에 따르면 많은 사람들이 삶의 발달을 성인기 이전에 끝나는 일로 생각한다. 그러나 인간의 평균수명이 놀랍도록 증가하면서 성인들은 자신들의 삶에 대해서 좀 더 알기를 원하고, 좀 더 큰 책임감과 의식을 가지고 살기를 원하며, 사회도 좀 더 인간적이고 각 개인들의 고통이 덜어질 수 있는 공동체가 되기 위해서는 이 성인기 삶의 과정에 대한 이해가 더욱 요구된다.

성인기의 삶에도 아동기와 마찬가지로 발달(development)이 있다는 것을 여러 인물들의 전기적 삶을 인터뷰(biographical interviewing)하여 밝혀내고자 했던 레빈슨은 거기서 더 나아가서 그 발달에서도 다음과 같은 구별이 있음을 지적해 놓았다.

그는 자신의 "인생 구조(life structure)"의 발달 이해는 일군의 발달 심리학자들이 이야기하는 성격 발달(personality development)과는 다르다고 말한다. 그가 인생 주기(life cycle)나 인생 구조(life structure) 개념을 사용하여 나타내려고 하는 성인기 발달은 각 개인의 개별적 특질들에 집중하기보다는 훨씬 더 포괄적으로 그가 세계와 관계 맺고 살아가는 "관계(relations)"에 집중하는 것이다. 그리하여 그는 자신의 발달 개념이 꼭 계급적이고 진보적인 것으로(progressive or hierarchical) 이해될 필요는 없다고 밝힌다. 즉 성인기에서의 발달이 아동기에서 일반적으로 적용되는 성장(growth)과 동의어로 이해되어서는 안 된다는 것이다. 그에 의하면 이것과 더불어 또한 지금까지 일반적으로 아동기를 성장기로, 노년기를 쇠퇴기로 등가화하는 것은 지나친 단순화이고 너무 아동기 중심으로 문제를 이해하는 것이었다고 말한다.

레빈슨의 이러한 지적은 성인기의 삶을 좀 더 폭넓고 현실적으로 이해하려는 시도이다. 이러한 성인기 삶의 과정의 폭넓은 이해를 위해서 간(間)학문적인 접근을 강조하는 그는 현실의 삶 속에서 '긍정적인 성장(positive growth)'과 '부정적인 성장(negative growth)'을 동시에 보면서 발달을 말하기를 원한다. 이러한 모든 시도는 인간 삶의 변화와 발달, 그리고 성장이 단순히 한정된 시간 속에서만 이루어지는 일이 아니라 삶의 전 과정을 통해서, 그리고 지속적으로 일어나고 또한 그렇게 되어야 함을 시사해 주는 것이다. 서양 현대 심리학의 이러한 발달론적이고 역동적인 이해는 동양 전통에서의 유교적 이해와 잘 상관될 수 있다. 왜냐하면 유교 전통은 인간은 누구나 다 배움(學, learning)을 통한 지속적인 노력으로 변화될 수 있다고 가르치기 때문이다. 또한 공자의 여섯 단계 자아실현의 이야기는 바로 자신의 삶을 하나의 이야기(narrative)로 구성한 것이고, 그것을 특히 관계(relation)의 차원에서 발달론적으로 파악한 것이기 때문이다.

(2) 유교 전통의 이해

세계의 종교(사상)를 그룹 지을 때 '예언자 종교'와 '신비가 종교'에 대하여 '현인(賢人)'의 종교사상으로 구별되는 유교 전통은 다른 전통들에 비하여 특히 나이를 존중하고 그것으로부터 유래하는 지혜를 존중하는 일을 중시하였다. 이것은 유교 전통이 인간의 삶을 계속적인 변화의 과정으로 보면서 거기서의 의미 실현을 최고의 가치로 삼고 있음을 알려주는 것이다. 그리하여 전통의 서양적 종교 개념으로 볼 때 유교는 종종 종교가 아니라는 지적을 받곤 하지만, 한편 바로 그렇게 인간성의 완성 속에서 최고의 가치를 실현하려는 노력이야 말로 유교적 종교성을 잘 드러내는 일이라고 지적된다. 이것은 유교 전통의 강한 인본주의적, 교육적 전통을 밝히는 것이고, 이번 성찰에서 서양 발달심리학적 이해와 대화하려는 작업은 바로 유교 전통을 '자기실현(Self-Cultivation, To become a sage)'의 길로서 이해하는 것을 말한다.

현대 유교학자들 가운데서 누구보다도 유교 전통의 자기실현(Self-Cultivation)의 가르침을 그 핵심 전통으로 보는 투 웨이밍(Tu Wei-ming) 교수는 어른을 가리키는 한자어 '성인(成人)'에 주목한다. 그에 따르면 이 단어는 말 그대로 '사람이 되어 가는 것(becoming a person)'이다. 다른 많은 한자어들과 마찬가지로 성(成)이라는 한자어는 명사도 되고 동사도 된다. 명사로 쓰일 때 그것은 완성된 상태를 가리키지만 동사로 이해될 때는 발달의 과정(process of development)을 나타내는 것이다. 즉 어른(成人)이란 인간성의 충실한 실현을 위해서 살아온 사람으로서, 그것은 단지 삶의 한 위치를 말하는 것이 아니라는 것이다. 오히려 나이 들어감의 과정에 대한 인간의 창조적 적응을 여러 면으로 표현하는 것이고, 성숙을 향한 능력의 증명이며, 또한 그 성숙 그 자체의 표현이기도 한 것이라고 지적한다. 이렇게 보았을 때 유교 전통에서의 성인기(adulthood)는 인격(person)이 되어 가는 과정을 나타내는 것이고, 어른이라고 하는 것이 단지 성숙한 사람이라는 의미만이 아니라 앞으로도 계속적으로 성숙해 나갈 수 있는 사람이라는 의미가 된다는 것이다. 그리하여 이러한 관점에서 볼 때는 지금까지 일반적으로 서양 발달심리학이 인간의 성장을 청년기(adolescence)에 마무리되는 것으로 보고 그것의 정점을 성인기(adulthood)로 보는 방식은 유교 전통에서는 생소한 것이다. 유교 전통은 그만큼 '인간 되어 감'의 과정과 그 과정의 지속적인 진행을 강조하며, 그래서 유교 전통은 '도(道)'라는 말로써 그 핵심 상징어를 삼고 자신의 가르침을 표현한 것이라고 하겠다.

이렇게 유교 전통의 자기실현의 가르침은 끊임없는 계속됨의 과정을 말한다. 그것은 자신이 간직한 '인간성(仁)'의 씨앗을 끊임없이 갈고 닦아서 자신의 마음속에 전 우주를 품을 때까지 확장해 나가는 것을 가르치는 것이다. 그리하여 그 전통은 인간의 삶에서 어느 일정한 시간만을 구별하여 성장(growing up)이라고 하지 않으며, 그 특정한 시간만을 배움의 시간으로 여기지 않고, 인간 성장과 되어 감의 과정을 전 생애의 일로 보는 것이다. 이러한 인간 삶에서의 성숙의 계속성을 위한 노력을 공자는 다음과 같이 드러냈다. "선비는 마음이 너그럽고 뜻이 굳세지 않으면 안 되니 그 까닭은 그의 임무가 무겁고 갈길이 멀기 때문이다. 인(仁)을 내 몸의 임무로 여기니 무겁지 않겠는가? 죽은 후에야 그만두는 것이니 멀지 않겠는가?"(『논어』「태백」7)

이렇게 인간이 되어 가는 일을 죽은 이후에나 그만둘 일로서 일생

동안의 작업으로 여긴 유교 전통은 따라서 노인과 나이에 대한 존중을 특별한 가르침으로 삼아 왔다. 그러나 앞에서 본 투 웨이밍 교수는 지적하기를, 그러한 유교 전통에서의 나이에 대한 존중도 단순히 나이가 많은 것에 대한 존중은 아니라고 한다. 오히려 거기에는 다음의 전제가 깔려 있는데, 즉 삶의 햇수가 진행되면서 자기 성장이 이루어지고, 그리하여 나이가 들었다는 것이 지혜의 풍부함 그리고 인내의 열매를 상징하는 것이기 때문이라고 한다. 그것이 이루어지지 않았을 때도 무조건 존중되어야 하는 것은 아니라는 말이다. 이러한 지적과 관련하여 공자가 만난 한 노인에 대한 다음과 같은 일화가 제시되었다. "원양(原壤)이 걸터앉아 공자를 기다리니 공자께서 말씀하시기를, '어려서는 공손하지 못하고, 장성해서는 칭찬할 만한 일이 없고, 늙어서도 죽지 않는 것이 바로 도적이다'라고 하시고 지팡이로 그의 정강이를 두드리셨다."(『논어』 「헌문」 46)

이렇게 삶의 성숙을 이루지 못한 노인에 대해서는 지팡이로 때리기까지 했지만, 반면에 공자는 "젊은이들을 두려워해야 한다. 다음 세대가 우리 세대만 못하다고 누가 장담하겠는가?"라고 하면서 성장 가능성을 헤아리고 그들을 존중할 것을 요구했다. 이러한 모든 이야기는 인간성의 완성을 믿으며 그것을 일생 동안의 배움의 일로 이해한 공자 또는 유교 전통의 표현들이다. 자신이 이미 이루었다고 하는 '성인(聖人)'으로서가 아니라 그 '성인의 도(聖人之道, To become a sage)'

를 찾아가며 노력하는 한 겸허한 구도자로 그려지기를 원했던 공자는 자신의 목표를 실현하기 위해 평생을 노력한 것이다. 그는 말하기를, "나는 태어나면서부터 아는 사람이 아니다. 단지 옛것을 좋아하여 부지런히 배웠을 뿐이다"라고 하였다. 또한 그는 밝히기를, "너는 왜 이렇게 말하지 않았느냐? '그(공자)는 알려는 열정으로 밥 먹는 것도 잊고, 그것을 깨우친 즐거움에 근심을 잊으며, 그렇게 하는 사이에 늙는 것조차 알지 못하는 사람'이라고."(『논어』「술이」18)

이러한 자기실현의 도로서의 유교 전통은 그 후 시간이 진행됨에 따라 그 자아를 이해하는 데 더욱 섬세한 여러 가지 논의를 발전시켰다. 특히 송나라 이후의 신유교, 성리학(性理學)에서 인간의 성(性)과 심(心)의 관계에 대한 논의를 발전시킨 것은 인간의 자아를 점점 더 역동적이며 열린 체계로 이해하려는 시도였다. 이것은 앞에서 보았듯이 서양 현대 심리학에서 인간의 퍼스낼리티를 세 단계의 차원으로 이해하면서 인간 성격의 특질적 차원만이 아니라 그의 실존적 의도와 궁극적인 삶의 목표의식도 함께 고려하며 생각해 보려고 했던 것과 유사하다고 할 수 있다. 원래 유교 전통에서의 인간 이해는 매우 통전적이고 다층적이었다. 유교 전통에 자아 완성을 위한 공부에는 지적인 영역의 발달뿐 아니라 몸 차원에서의 실행을 강조했고, 궁극적으로 도덕적이고 영적인 완성을 지향했다는 점이 그 통전적 다

충성을 보여준다. 중국 명나라의 성리학자 왕양명(王陽明, 1472-1529)은 역동적인 심(心) 이해로써 이 측면을 더욱 잘 드러내 주었다.

그는 주희(1130-1200)가 성즉리(性卽理, The Nature is Principle)의 범주로 인간을 주로 이성적인 차원에서 이해하면서 공부 방법이 과도하게 주지주의적이고 인식론적인 차원에 흘렀다고 보고 성(性)보다는 훨씬 더 다차원적으로 인간 존재를 그려주는 심(心)을 강조했다(心卽理, The Mind is Principle). 그 심(心)의 포괄적 공부는 인생의 모든 측면을 포함하고 하루의 모든 활동, 인생의 모든 시간을 포괄하는 통합적인 일임을 그의 『전습록(傳習錄)』에서 분명히 하였다. "그의 온 인생을 통하여 사람의 공부하는 노력은 오직 다음의 한 가지로 목표를 삼는다. 젊어서부터 늙을 때까지, 아침부터 저녁까지, 어떤 일이 있든지 없든지 간에, 그것은 '항상 무엇인가를 하는 일'(恒産)이다."

이상과 같이 유교 전통은 인간의 삶을 자기완성을 향한 끊임없는 노력의 길로 이해하고 우리의 인간됨이 바로 여기에 근거하는 것으로 보았다. 이러한 유교 가르침의 자기완성의 도가 현대 사회에서 많이 잊혀졌고, 또한 많이 왜곡되기도 했는데, 서양 현대 발달심리학의 연구들은 이 잊혀진 전통들을 다시 생각나게 하고 그 의미들을 다시 뚜렷하게 해 준다. 그러나 역으로 그 서양 현대 인간 발달론도 동아시아의 유교 전통으로부터 배울 수 있다. 다음 절에서 이렇게 인간의 삶을 계속적인 전개와 발달로 보는 동서의 두 이해를 그 구체적인 내용이 무엇인지, 그 만남이 어떤 의미를 지니는가를 좀 더 살펴보고자 한다.

3. 서양 발달심리학에서의 성인기 발달 과정 이해

청년기의 삶을 지나 성인기 이후의 삶에도 계속적인 변화와 발달이 있다는 사실에 주목하고 그것의 내적 단계와 과정 그리고 구조들을 탐색하는 작업이 서양 현대 심리학에서 활발해지고 있다. 20세기에 들어서 이러한 성인 삶의 발달 과정에 처음으로 주목한 사람은 칼 융(Carl G. Jung)이었다. 그는 프로이드와는 대조적으로 자아의 발달이 전 생애에 걸치는 지속적인 일이라고 보았고, 그것이 우리 모두가 스스로 자기의 발전을 위해 가야 하는 정신적 오디세이(고난 극복)의 여행이라고 보았다. 융에 이어 에릭슨은 현대에 가장 영향력 있는 발달론자들 중 한 사람이 되었다. 젊은 마틴 루터가 자기 주변 세계와 관계하면서 아이덴티티를 형성해 나가는 과정과, 또한 마하트마 간디가 그의 중년기 삶의 과정에 들어와서 어떻게 삶을 창조적으로 변혁해 나갔는가를 추적한 에릭슨은 개인적 삶의 과정을 중시하고 전기(Biography)의 기술 방법을 사용하며 성인기 발달 연구의 장을 열었다.

대략 20세 정도에서 시작되는 성인 초기의 자아 발달 과제를 에릭슨은 "친근성 대 고립감(intimacy vs. isolation)"의 위기 상황으로 보았다. 이 단계는 이제 한 독립적인 성인으로 성장한 자아가 자기를 내어 주며 자기 외의 대상에게 몰입할 수 있는 능력을 나타내는 단계를 말한다. 대표적으로 결혼 등과 같이 '관계'를 맺을 수 있는 능력이 이와 관련되는데, 그것은 한 대상에 지속적으로 충실할 수 있는 '사랑(love)'을 요구한다. 이 다음의 단계로서 에릭슨은 거의 25세부터 65세까지의 시간을 통틀어 한 단계로 보면서, 대략 40세 정도부터 본격화되는 것으로 파악하는 중년기의 자아 발달을 "생산성 대 침체감(generativity vs. stagnation)"의 위기로 이해한다. 이 무렵에 성인기의 정점을 지나는 자아는 자신이 남길 삶의 흔적에 더욱 관심을 두면서 자신이 이 세계에 남길 수 있는 것에 살핀다고 한다. "자신의 세대를 넘어서 남겨질 것(outliving the self)", 예를 들어 자라나는 아이들이라든가, 어떤 아이디어 또는 사회에 대한 기여 등이 성장하고 성사되고 성공하도록 배려하는 것을 말한다(care for). 에릭슨은 나중에 말하기를 자신이 이 삶의 단계에서 중요한 덕목으로 "생산성(generativity)"을 말하는 이유는 그 단어 그대로 한 세대(generation)로부터 다음 세대(generation)로 이어져서 생산되는(generated) 모든 것을 의미하기 위해서라고 했다. 이렇게 사람들은 자신의 삶을 또 다른 방식으로 계속하기 위하여 더욱 관대해지고, 배려의 마음을 가지게 되며, 그렇지 못할 경우 점점 더 자신에게 집착하고 이기적이 되고 건조해진다고 밝힌다.

인생의 마지막 단계인 노년기에서의 발달은, 에릭슨에 의하면 "자아 통합 대 절망(ego-integrity vs. despair)"의 모습으로 나타난다. 노년기에 도달하면서 중년기의 생산성에 대한 관심은 점점 줄어들고 대신 사람들은 자신들의 삶을 되돌아보게 된다. 그러면서 지나온 시간들을 있는 그대로 받아들이든지 아니면 거부하고 인정하지 않으려 하는데, 여기에서 자아통합이 가능해지거나 절망감에 싸이게 된다고 한다. 청년기 이후에 진행되어 온 자신의 이야기를 그대로 받아들이고 즐기고 감싸안을 때 거기서 노년기의 새로운 덕목인 "지혜(wisdom)"가 생긴다. 이 노년기의 지혜에 대한 연구는 요사이 서양 발달심리학에서 점점 더 관심을 모으는 주제이다.

에릭슨이 이와 같이 인생의 여덟 단계를 말하면서 성인기의 삶에 대해서도 발달의 단계를 그려내고 틀을 제시했고,* 레빈슨은 그것보다 더욱더 세밀하게 성인기 발달에 관한 연구를 진척시켰다. 레빈슨에 따르면 성인기 발달 단계 이해는 단지 두세 단계로 그 시간들을 모두 포괄할 수 없다. 거기에는 더 세밀한 탐색이 요구되는데, 성인

---

* 1단계(0-1.5세): 신뢰-불신, 2단계(1.5-3세): 자율성-수치 · 의심, 3단계(3-5세): 주도성-죄책감, 4단계(6-11세): 근면성-열등감, 5단계(11-사춘기끝): 정체성-역할 혼동, 6단계(21-40세): 친밀감-자아도취 · 고립감, 7단계(40-65세): 생산성-침체성, 8단계(65세 이상): 통합성-절망감

기에 관한 연구가 아동기 연구처럼 하나의 전문적인 작업이 되기 위해서는 어떻게 한 개인의 삶이 계속해서 진화하는지, 인생의 주기와 거기서의 성인기의 위치는 어떠한지, 그리고 어떻게 그 발달이 이루어지는지에 대한 상세한 연구가 따라야 한다고 강조한다.

레빈슨은 이러한 연구를 위해 "인생 과정(life course)", "인생 주기(life cycle)" 그리고 "인생 구조(life structure)"라는 개념을 중시한다. 그는 성인기 삶을 연구할 때 좁은 의미의 성격 발달만을 염두에 둔 것이 아니라 좀 더 포괄적인 의미에서 전체적인 삶의 과정을 생각했는데, 거기에는 한 사람의 "신체적-심리적-사회적(bio-psycho-social)" 요소가 다 포함된다고 보기 때문이다. 이렇게 보았을 때 사람들의 삶에는 분명히 인생의 주기가 있다는 것인데, 이 주기(cycle)라는 것은 삶의 과정 속에서 순서(order)가 있는 것을 보여주고, 그 인생은 구조(structure)를 가진다는 것을 보는 것이다. 또한 그 순서를 이야기할 때 에릭슨이 사용한 '단계들(stages)'이라는 개념 대신에 '시대들(eras)'과 '시절들(periods)'에 특히 주목하는 이유는 인간의 삶을 단지 축적된 시간들의 정체적 단계들로 보는 것이 아니라, 훨씬 더 역동적인 역사의 과정들이 포함된 것으로 보는 입장이기 때문이다. 그래서 레빈슨은 인생 주기 또는 구조들의 진화 가운데 나타나는 "전환기(transitional periods in life structure development)"에 특히 주목하고 그 전환기의 위기적 특성과 질적인 변화 과제 등을 밝히는 데 많은 노력을 들인다. 그가 성인기 중에서도 특히 성인 초기와 중년기에 집중하면서 연령적으로 대략 17세부터 65세까지의 시기로 그린 성인기 인생 구조의 발달 시기와 과정은 다음과 같다.

(1) 성인 초기 전환기(17-22세): 성인 이전기에서 성인 초기로의 이동

이 시기는 성인 이전기, 즉 청년기를 마감하고 성인 초기를 시작하는 시기이다. 전환기는 삶의 구조에서 변화를 의미할 뿐 아니라 인생 주기에 있어서 한 근본적인 전환이 일어나는 시기이다. 이 시기의 젊은이는 이제 성인 세계 안에서 자신의 인생을 시작하기 위하여 이전 세계의 본질에 대해, 그리고 그 안에서의 자신의 위치에 대해 의문을 던진다.

(2) 성인 세계로 들어가기(22-28세): 첫 번째 성인 인생 구조

이 시기는 우선 삶의 첫 번째 중요한 결정을 하는 시기이다. 사랑과 결혼, 직업, 그리고 자신을 원래 가족으로부터 분리하고 자신만의 새로운 삶의 스타일 등을 탐색하면서 젊은 성인으로서 세상에서 자리를 만들기 위해 결정하고 노력하는 시기이다.

(3) 30대 전환기(28-33세): 첫 인생 구조의 수정

이 시기는 인생 구조의 첫 번째 선택에서 나타난 결함과 관계들을

수정할 수 있는 시기이다. 또한 이 시기는 성인 초기 시대를 완료하는 데 필요한 좀 더 만족스러운 구조를 구축하기 위한 기반을 마련하는 시기이다. "만약에 내 인생을 변화시키려면 나는 지금 출발해야 한다. 왜냐하면 조만간 너무 늦어져 버릴 테니까"라는 내면의 목소리를 들으면서 성인 발달에서 하나의 결정적인 일보를 내딛는 시기라고 한다.

(4) 성인 초기의 절정기/안정기(33-40세): 두 번째 성인 인생 구조

두 번째의 인생 구조는 30대 전환기 말에 모양새를 갖추어서 마흔 살 무렵까지 지속된다. 성인 초기의 절정을 이루는 시기로 여기서 사람들은 사회에서 자신의 자리를 확고히 하기 위하여 노력한다. 젊은 시절의 꿈과 야망과 목표를 이루기 위하여 애쓰고 초기에 사회에서 맨 하급자에 불과하였던 모습에서 점점 상급자와 선배가 되어 간다. 레빈슨은 그러한 모습을 점점 "자기 자신이 되어 가는 것(Becoming One's Own Wo/Man)"이라고 표현한다. 마흔 살까지의 이 시기가 끝날 무렵에는 한 사람의 원숙한 성인이 되어 있다고 본다.

(5) 중년의 전환기(40-45세): 성인 초기에서 중년기로의 이동

이 시기는 성인 초기에서 중년기로 넘어가는 교량 역할을 하는 시기로 성인기 삶의 구조에서 또 한 번의 중요한 전환기가 된다. 대다

수 성인들은 이 시기에 자신 안에서 그리고 외적인 세계와 더불어 크나큰 갈등과 위기를 경험하는데, 즉 그들은 다시 한번 인생의 모든 측면에 의문을 제기하며 회의에 빠지고 예전처럼 살아갈 수 없음을 느낀다. 그리고 자연스런 귀결로서 인생의 새로운 행로와 목표를 찾고자 갈망한다. "내 인생에서 나는 무엇을 했는가? 나는 내 가족, 직장 그리고 공동체로부터 무엇을 얻었고 주었는가? 내가 인생에서 진실로 원하는 것은 무엇인가?" 등의 질문을 하면서 이 중년의 전환기에는 그동안 소홀히 했던 자아의 부분들이 더욱 절박하게 표현되며 현존하는 구조를 수정하도록 요구한다는 것이다. 즉 "중년의 위기(midlife crisis)"를 맞이하는 것이다.

(6) 중년기의 입문기(45-50세): 새로운 인생 구조 형성

중년의 전환기를 치른 사람들은 이제 중년의 삶을 위해 새로운 인생의 구조를 형성해 나간다. 이 시기는 종종 30대 후반 성인기 초기가 끝나갈 무렵의 모습과 겉으로는 비슷해 보여도 세심히 살펴보면 상당한 차이가 있다. 이러한 40대 중반 이후에 보이는 인생의 구조는 그 만족의 정도와 세계 속에서의 자아의 실현이라는 면에서 개인마다 매우 다양한 양상을 보인다. 어떤 사람들은 아동기와 성인 초기의 돌이킬 수 없는 실패로 중년의 전환기에 할 수 있는 일이 별로 남아 있지 않아서 죄어드는 느낌과 실패감으로 중년기를 맞이한다.

그러나 어떤 사람들은 특별한 만족감과 성취감을 만끽하면서 중년기를 인생 주기에서 아주 풍요롭고 창조적으로 구축해 간다. 그들은 타인들에게 더 깊이 애착을 형성하지만 더욱 독립적일 수 있고, 자신 속에 더욱 또렷한 중심을 잡아 나간다.

(7) 50대 전환기(50세-55세)

이 시기는 다시 한번 자신의 삶의 구조를 점검할 수 있는 시간이다. 30대의 성인 초기의 전환기와 유비될 수 있는 시기이다. 이 시기는 그 이전 중년의 전환 기간 동안에 의미 있는 삶의 변화를 시도하지 않은 사람들에게는 더욱 위기의 시간이 되기 쉽다. 중년 전환기의 발달 과제와 씨름하지 않았기 때문이다.

(8) 중년기의 절정기(안정기)(55세-60세)

이 시기는 성인 중기의 삶이 절정을 이루어서 이 중년기의 계획과 목표들이 현실화되고 구체화되는 시기이다. 성인 중기의 마지막 시기로서 지금까지의 발달 과제들을 잘 이루어 온 사람들에게는 커다란 성취를 이루는 시기가 될 수 있다. 이 시기는 성인기 초기의 안정기와 비슷하다.

(9) 성인 후기 전환기(60세-65세)

이 시기는 중년기를 끝내고 성인 후기를 위한 기초를 마련하는 시기이다. 이 전환기의 과제는 중년기의 노력을 마무리하고 오는 노년의 시기를 위해 준비하는 시기이다. 이 시기는 지나온 과거를 깊이 있게 되돌아보며, 새로운 노년기를 준비한다.

이상과 같이 레빈슨은 인간 삶에서의 성인기의 특징을 정리하였다. 그것은 아동기와 청년기를 지나고 성인기에 들어와 있는 40여 명의 남성들과 그리고 후에 성의 차이를 인식하고 다시 45명 여성들의 삶을 집중적으로 탐색한 결과들로 밝힌 것이다. 그는 왜 인생에서 이러한 발달 구조들이 있는지는 모르겠지만 그것은 분명히 존재한다는 것이 자신의 연구 결과라고 말한다. 그는 성인기 삶의 발달 과정과 진화 과정에 대한 자신의 연구가 다른 학자들의 성인 발달 이해와 일치하지는 않지만 서로 보완적이고 유사하다는 것을 강조한다. 또한 그는 성인기의 발달 주기에 관한 관찰이 시대와 문화의 차이를 뛰어넘어 인류의 진화 과정에서 현 단계에 와 있는 모든 인류에게 보편적이라고 말한다. 그 유사성의 예로 그는 우리가 지금 비교 연구하려는 공자의 이야기와 더불어 탈무드에서의 가르침, 그리고 그리스의 솔론(Solon)의 이야기를 제시한다. 이 관찰에 동의하면서 이제부터 공자의 여섯 단계 삶의 이야기를 살펴보고자 한다.

4. 공자의 성인기 발달 과정 여섯 단계

앞에서 보았듯이 공자는 중국 춘추시대(B.C.722-481)의 극심한 혼란기를 살아가면서 인간의 삶과 정치가 어떠해야 하는가를 공부하려는 열정으로 밥먹는 것도 잊고 늙는 것도 의식하지 못했다고 고백했다. 이렇게 배움을 통한 인간성의 완성을 항하여 일생을 고투하며 살아 온 자신 삶의 여정을 그는 다음과 같이 서술하였다.

15세에, 나는 배움에 뜻을 두고 (吾十有五而志于學),

30세에, 뜻이 확고하게 섰으며 (三十而立),

40세에, 더 이상 유혹에 마음이 흔들림이 없었다 (四十而不惑).

50세에, 천명(天命)을 알았고 (五十而知天命),

60세에, 어떤 말을 들어도 마음으로 다 통할 수 있었으며 (六十而耳順),

70세에는, 마음 내키는 대로 하여도 도리에 어긋남이 없게 되었다 (七十而從心所慾 不踰矩).

(1) 15세, 학문에 뜻을 둠(志于學)

몰락한 은왕조(B.C.1523-1027)의 후손으로서 어려서부터 늘 제기(祭器)를 펼쳐 놓고 예를 올리는 소꿉놀이를 했다는 공자는 15세 때부터 공부에 전념하기 시작했다고 한다. 그는 나중에 이야기하기를, "나는 옛것을 전수할 뿐 새로 짓지는 않는다"고 하였고, "10호쯤 되는 조그만 읍에도 반드시 나처럼 충신한 자는 있지만, 나처럼 학문을 좋아하는 이는 없을 것이다"라고 하였다. 이는 공자가 이 시기의 자신을 열정적으로 도를 찾아가는 배우는 사람으로 자리매김했다는 것이고, 그것이 자신의 이상을 향한 첫 번째 의미 있는 발걸음이라고 이해했다는 의미이다.

에릭슨은 그의 발달이론에서 청년기에서 성인기로 넘어가는 시기에 자아 정체성(Ego Identity) 탐색기를 이야기하면서 이 시기에 사람들은 인생에서 자신의 모습과 자리를 찾기 위해 오랜 기간 혼돈과 위기를 경험하고 이를 극복해 가는 과정을 겪는다고 했다. 한편 레빈슨은 성인 발달의 첫 번째 단계로서 17세부터 22세까지의 '성인 초기 전환기'를 말하고 이 시기는 최초의 성인 자아를 형성해서 성인 세계의 일원으로서 자격을 얻기 위한 선택들을 하기 시작하는 시기라고 밝혔다. 공자의 이 시기는 바로 이러한 시기에 해당한다고 하겠다. 또 다른 서양 발달이론가 맥아담은 인간의 삶을 하나의 이야기를 꾸며 가는 가운데 자신의 아이덴티티를 찾고 형성해 나가는 과정으로 이해했는데, 이 성인 초기의 시기란 어린 시절처럼 동화나 신화 이야기에 만족하지 못하고 하나의 확실한 "이념(Ideology)"을 갖기를 원하는 시기라고 본다. 즉 이 시기에 인간은 인생에서 자기만의 뚜렷한 의도(intention)와 목적(purpose)을 갖기를 원하고, 의미를 찾아간다는 것이다. 이것은 공자가 공부에 뜻을 둔 것과 같은 의미이고, 자기 인생의 방향에 대한 내적 자각이라 할 수 있다.

(2) 30세, 뜻을 확고하게 함(而立)

에릭슨의 정체성 발달 이해에서도 드러나듯이 한 사람이 성인으로서 사회에서 자신의 자리를 확립하고 인생에서의 뜻을 확고히 하는 데는 오랜 기간이 필요하다. 보통 20대 초반에서 시작하여 30대까지 진행되는 이 시기에 사람들은 성인의 세계에 본격적으로 들어가서 자신의 인생 구조를 창조하고 확립하려고 노력한다. 그러므로 이 시기는 여전히 인생 자체가 위협에 시달린다고 느껴질 수 있고, 자신이 세운 뜻이 혼란해지는 것도 경험하며 또 나아가 절망감을 경험하기도 한다. 레빈슨은 '성인 입문기'와 '30대의 전환기'를 이야기하며 이 시기를 사회에서의 초심자 단계로 보았다.

공자는 이 시기에 배움에 뜻을 두어 그 길을 가는 사람으로서 과거의 역사적인 기록들을 더욱 열심히 공부하며 인간관계의 그물들을 바르게 자리매김할 수 있는 원리를 제시하고자 했다. 그러면서 그는 점점 더 많은 학생들을 가르치게 되었고, 자신의 인생의 길이 그러한 예의 배움과 가르침에 있다는 것을 확인하였다. 그는 이 시기에 당시 위대한 전통 예법이 가장 순수하게 보존되어 있는 주나라의 수도 낙양으로 여행하여 예와 음악을 배우고 명망 있는 현자가 되어 돌아온다(B.C.518). 당시 공자에게 음악을 가르쳤던 장홍의 서술에 따르면 "그(공자)는 옛 왕들을 칭송하는 말 이외에 다른 말은 하지 않았으며, 겸손하고 예의 있는 행동만을 했다. 공자는 많은 것을 듣고, 들은 바를 잘 기억했는데 그의 앎은 끝이 없는 듯이 보였다. 우리는 그에게서 장래에 위대한 성인이 될 소질을 느끼지 않을 수 없었다"고 한다.

(3) 40세, 현혹되지 않음(不惑)

이렇게 열과 성을 다해서 배움에 정진하던 공자는 마흔 살에 불혹을 이야기한다. 이것은 공자가 이제 중년의 시기로 들어갔음을 시사한다고 하겠다. '마음이 더 이상 현혹되지 않음'이란 우선 정신적인 독립을 뜻하고 그리하여 자신의 의지도 더욱더 확고해져, 가고자 하는 길에 유혹이 와도 거기에 빠져들지 않고 군건하게 나아갈 수 있음을 말한다. 레빈슨은 "자기 자신이 됨(Becoming One's Own Wo/Man)"의 시기를 말하면서 그것을 40세 전후의 시기로 보고, 여기서 비로소 한 성인으로서 정신의 독립성을 가지고 자기 자신의 의지와 정체성을 지키며 자신에게 소중하게 보이는 것을 따를 수 있는 인격의 가능성을 보았다.

맹자에 의하면 불혹이란 "올바른 행위"가 쌓여서 가능해지는 것이다(集義). 이것은 이 시기의 공자에게 있어서는 관직의 명예나 부귀에 좌우되지 않으면서 자신의 사회적 책임과 노력을 다하는 것이라고 해석할 수 있다. 공자는 이 즈음에 노자를 만난 것으로 전해지며 그와 사회 정의 실현을 위한 방법론 논쟁을 벌인 것은 유명하다. 즉 사회 참여를 통한 유교적 도의 실현이냐 아니면 자연 귀의를 통한 도교적 방법이냐의 논쟁인데, 공자는 사회적 책임을 떠나서는 결코 도의 실현이 가능하지 않다는 자신의 의지를 다시 한번 확고히 한 것으로 전해진다. 공자는 인생의 도의 실현은 노자의 주장과 같이 세상 밖으로 나가서 홀로 이룰 수 있는 것이 아니라, 세상과 삶 안에서의 책임 다함을 통하여 이룰 수 있다고 확신한다.

공자가 낙양에서 돌아온 지 1년이 되던 해인 기원전 516년경에 공자의 조국 노나라는 더욱더 극심한 권력 분쟁의 소용돌이에 빠진다. 거기서부터 제나라로 망명길을 떠난 공자는 도중에 온 가족이 호랑이 밥이 되는 것을 두려워하며 울고 있는 한 여인을 만났다. 그렇다면 왜 이 곳을 떠나지 않느냐는 물음에, "여기에는 백성을 억압하지 않는 현군이 계십니다"라는 대답을 듣고 "자 보아라! 포악한 군주는 호랑이보다 더 무섭다"고 하면서 자신의 확신을 재확인했다. 이 시기에 공자는 "군주는 군주답게, 신하는 신하답게, 아버지는 아버지답

게, 아들은 아들답게(君君 臣臣 夫父 子子)"하는 것을 최선의 통치술로
제시하고 제나라에서 더욱더 예(禮)와 악(樂)과 시(詩)와 서(書)에 전
념하여 고기의 맛도 잊을 정도로 열과 성을 다해 공부하였다고 한다.

(4) 50세, 천명(天命)을 알게 됨(知天命)

공자가 언제 다시 노나라로 돌아왔는지는 불분명하다. 공자가 50
세 가량이 되었을 때 그는 노나라에서 여러 가지 공적 직책을 맡게
되었는데, 『공자가어』에 묘사되어 있는 공자의 정사(政事)는 마치 옛
날 현군이 다스리던 시대를 연상시켰다고 한다. 노나라의 현실 정치
에 상당한 영향력을 끼치게 된 공자는 그러나 곧 자신을 등용한 현실
정치가들과 갈등을 겪게 되고, 그의 정치관을 장애 요소로밖에 여기
지 않게 된 그들에 의해서 다시 노나라를 떠나게 된다.

이러한 일들이 있었던 50세 즈음에 공자는 '천명(天命, the Mandate
of Heaven)'을 알게 되었다고 회고한다. 즉 그 무렵에 자신에게 주어진
하늘의 뜻과 명령을 분명히 알았다고 고백하는 것인데, 그것은 천명
을 알기까지 깊은 정신적인 고뇌와 갈등, 위기 상황이 있었음을 암시
한다. 이 즈음에 공자는 자신이 사랑하는 제자들 중 몇 사람의 죽음
도 경험했고, 그의 정치적 뜻과 희망이 번번이 좌절됨을 보면서, 그
러나 더 큰 하늘의 뜻을 깨닫게 되었다는 것이다. 이러한 공자의 천

명(天命)을 아는 것에 대한 고백 속에서, 투 웨이밍 교수는 나이 들어 가는 공자의 피할 수 없는 성숙의 과정을 보고, 그것과 함께 오는 화해의 더 큰 약속을 본다. 즉 천명을 아는 것이란 한편으로는 점점 나이가 들어가면서 자신의 운명의 한계를 인식한다는 것이고, 그러나 한편으로는 더 큰 초월적 명령의 성취와 약속을 깨닫게 되는 것이다.

앞에서 본 대로 레빈슨은 대략 40세에 성인 초기가 마무리되는 것으로 보고, 그 후 중년기를 맞이하기 위한 '중년의 전환기', '중년의 위기'에 대하여 말한다. 이것은 대략 40대 후반부터 시작되는 중년의 삶을 위해서 우리가 거쳐야 하는 위기로서, 여기서 우리는 다시 한번 우리 인생의 의미와 목표, 구조들을 회의하고 새로운 방향을 탐색한다. 공자가 50세에 천명(天命)을 알게 되었다고 이야기한 것은 바로 이러한 중년의 위기를 겪고 난 후의 고백이 아닐까 생각한다. 그것은 다시 한번 자신의 의지를 확인해 보는 과정이었을 것이고, 거기서 자신의 한계도 보게 되었지만 그러나 더 큰 초월적 힘에의 이끌림도 깨닫게 되어 자신의 인생에 더욱 매진하게 된 것으로 볼 수 있다.

서양의 발달이론에 따르면 이 시기에 두드러지는 덕목은 '생산성(generativity)'이고 그것은 자신의 삶의 한계를 넘어서서 다음 세대에도 계속될 것에 대한 관심과 배려라고 했는데, 공자가 이 시기에 천명에 대한 자각을 바탕으로 자신의 가르침에 더욱 정진하는 것은 그 모습으로 이해할 수 있겠다.

공자 나이 59세 때 방랑하던 중 자기를 해치려는 시도에 대해 말하기를, "하늘이 나에게 덕(德)을 주었는데 환퇴가 나를 어찌 하겠는가?"라고 하였다. 또한 그보다 앞선 한 위기 상황에서 두려워하는 제자들에게 "문왕이 이미 돌아가셨지만 그가 만든 예악과 제도는 나에게 전해지지 않았는가? 하늘이 만약 이 예악을 없애고자 하였다면 뒷사람인 내가 전수받지 못했을 것이다. 하늘이 이 문화를 잃지 않고자 하는데 광 땅의 사람들이 나를 어찌하겠는가?"(『논어』「자한」5)라고 말하였다.

(5) 60세, 어떤 말을 들어도 마음으로 모두 통할 수 있게 됨(耳順)

공자는 내키지 않는 마음으로 제자 몇 명과 함께 노나라를 떠나서 거의 13년 동안이나 방랑생활을 하였다. 그의 나이 50대 후반의 일이다. 천명으로 깨달은 자신의 뜻을 펼치기 위해 여러 나라들과 제후들을 찾아다녔지만, 그에게 돌아오는 것은 생명의 위협과 굶주림, 조롱뿐이었다. 공자는 이 시기에 자신을 먹을 수 없이 매달려 있기만 하는 조롱박에 비유했다고 한다. 또 제자들은 그러한 자신들의 고초와 굶주림에 대해서 "군자가 이렇게 곤궁할 수도 있습니까?"라고 비난하였다고 하며 이에 대해 공자는 대답하기를, "군자는 원래 궁한 것이다. 그러나 소인은 일신이 곤궁해지면 평정을 잃고 잘못된다"라고 했다.(『논어』「위령공」1) 이렇게 뜻을 위해 자신의 고통을 평온한 마음으로 받아들이는 공자에 대해 제자들조차도 거세게 비판하였다. 그중 자공이 공자의 뜻은 너무 고고하기 때문에 세상사람 누구에게도 쓸모가 없다고 비판하자 공자는 대답하기를, "부지런한 농사꾼은 힘써 농사를 지을 수는 있지만 풍년을 장담할 수는 없다. 뛰어난 장인은 물건을 정교하게 만들 수는 있지만 그 물건을 사려는 사람의 마음에 들지 안 들지는 모른다. 군자가 덕을 닦아 정당한 강령과 법칙을 세울 수는 있지만 그 덕이 세상에서 쓰일지는 알지 못한다"라고 대답하였다. 이러한 이야기들은 그의 고백대로 공자가 예순이 되어서 어떤 말을 들어도 마음으로 다 통할 수 있었으며, 심지어는 자신을 세차게 비판하는 제자들의 말도 순순히 감내할 수 있었다는 것을 드러내 준다. 공자는 삶의 고통과 경험을 통해서 모든 것을 받아들일 수 있게 되었고, 그것은 노년의 성숙으로서 배려할 줄 알고, 용서하며, 받아들이고, 사랑하는 대상에 집착하지 않고 배려할 수 있는 넉넉함이라 하겠다. 에릭슨은 이 시기의 덕목으로 이제까지의 자신의 삶을 감사와 초연함으로 받아들이는 "자아통합(integrity)"을 이야기했는데, 공자의 이 고백과 크게 다르지 않다. 레빈슨의 이야기로 하면 60세 이후에 중년의 절정기를 마무리하고 성인 후기로 들어간 상황을 말하는 것이라 하겠다.

이 시기의 공자는 제자들에게 네 가지의 마음에서 자유로운 사람으로 기억된다. 즉 "사사로운 뜻이 없으셨으며, 독단의 마음이 없으셨으며, 집착하는 마음이 없으셨으며, 이기심이 없으셨다." 그래서 공자는 "아침에 도를 들으면 저녁에 죽어도 괜찮다"라고 했다. 그러나 필자 생각으로는 이러한 예들보다도 더 분명하게 공자의 이순(耳順)에 대한 예를 보여주는 것이 다음의 이야기이다. 어느 날 섭공이 자기 나라에서는 아버지가 양을 훔치자 아들이 그 아버지까지도 신고할 정도로 도가 서 있다고 자랑하자 공자는 대답하기를, "우리나라에서 곧은 사람은 다르게 행동하지요. 아버지는 자식을 위해 잘못을 덮어 주고 자식 또한 그렇게 합니다. 강직함이란 그런 가운데 있는 것입니다."(『논어』「자로」18) 이 이야기는 서양의 윤리관과 유교적인 윤리관의 차이를 드러내는 것으로 이해되어 지금까지 많은 논란을 일으키고 있지만, 서양의 피에르 도딘은 이러한 공자의 윤리관이 자연스러운 인간 정서를 율법과 계율보다 더 중시하는 신약 복음서의 관용과 비슷하다고 말한다. 이것은 예순 살이 넘는 인생의 성숙기가 돼서야 비로소 이해될 수 있는 진리인지 모르겠다.

(6) 70세, 마음 내키는 대로 하여도 어긋남이 없게 됨(不踰矩)

이 고백은 공자 생애의 마지막 단계를 그려주는 말이다. 15세에 성인의 삶에 들어서서 뜻을 세우고, 온갖 우여곡절에도 불구하고 그 뜻을 가다듬고 키워 왔던 공자가 인생의 마지막 단계에서 한 고백이다. 그 뜻의 핵심 내용은 공자의 배움과 가르침이 어떻게 하면 삶에서 올바른 관계를 맺고 사는가(仁) 하는 것이었던바, 이제 자신은 어떠한 인위적인 노력을 들이지 않아도 그 관계를 그르치지 않게 되었다는 것이다. 즉 자연스럽게 선이 행해지며, 더 이상 '해야 하는 것(所當然, what one ought to be)'과 '스스로 그렇게 되는 것(所以然, what one is)' 사이의 차이가 없어지고, 자연과 당위의 상태가 자연스럽게 하나가 되었다는 말이다. 한 인간에게서 기대할 수 있는 지극한 자기완성의 표현이며, 순수한 경지의 자유와 자발성의 표현이라고 하겠다.

서양에서 인간 발달 이해에서는 이러한 차원의 경지는 찾아보기 힘들다. 에릭슨이 이야기한 자아통합의 차원도 이렇게 적극적이고 높은 수준의 인간을 말해주지는 않는다. 레빈슨의 경우는 이러한 칠십 대 노년의 단계에 도달하기 이전에 그의 인생 구조 탐색이 마무리되기 때문에 더욱 그렇다. 그러나 최근에 들어서 점점 더 노년기의 삶이 길어지면서 거기서의 적극적인 발달에 대해 더욱 관심을 가지며 이 단계에 대한 연구가 진척되고 있다. 여섯 단계의 도덕 발달을 이야기했던 콜버그는 말년에 제7단계(a stage 7)를 말한다. 그는 인간 발달의 초월적·종교적 측면에 주목한 연구들에 힘입어 도덕성의 더 높은 차원에 관심을 두기 시작했다고 밝히면서, 그 차원을 "우주와 자연과 또는 하느님과 하나됨의 차원에서 갖게 되는 모습으로서", 그것은 "자연법적 태도(a natural law orientation)"로 표현될 수 있을 것이라고 했다. 즉 위에서 공자가 여섯 단계에서 보여준 것과 유사하게 인간의 도덕과 책임을 어떤 사회적인 계약이나 인위적인 의무 요구로 보지 않고 자연법과 같이 자연스럽게 존재 안에 내재되어 있는 것으로 이해하는 것을 말한다.

말년이 되어서 다시 노나라로 돌아온 공자는 그때까지 제자들의 수업에 사용하던 것으로서 고대로부터 내려오는 『서경』과 『시경』, 노나라 연대기인 『춘추』와 같은 문헌들을 정리하는데 많은 시간을 보냈다. 『역경』의 경우 더욱 열정을 쏟았으며, 음악(樂)과 예법(禮法)의 정리에도 힘을 쏟았다. B.C.479년 공자의 나이 73세에 세상을 떠났으며, 그의 제자 100여 명 정도가 그의 무덤 가에 터를 잡고 살았고, 그중 자공은 6년 동안을 막을 짓고 지냈다고 한다.

5. 유교 자아실현 과정과 서양 성인기 발달 과정 비교

이상과 같이 서구의 성인 발달에 관한 여러 이해와 공자가 이야기한 성인의 길에 대한 여섯 단계를 살펴보았다. 그와 동시에 서로의 연결점을 찾아보려고 노력하였다. 이제 이 두 전통에서의 성인 발달 이해를 다시 한번 종합하면서 연결 지어 서로가 서로에게 무엇을 줄 수 있고 무엇을 배울 수 있는지를 살펴보고자 한다. 앞에서 살펴본

대로 에릭슨은 청소년기 정체감의 혼란기를 지난 후 성인기의 시간들을 크게 세 단계로 나누었고, 레빈슨은 성인 초기의 전환기를 포함하여 크게 성인 초기, 중기, 후기의 세 단계로 구분지었다. 서구의 이해들과 마찬가지로 공자의 '성인지도(聖人之道)' 여섯 단계도 크게 세 단계로 종합될 수 있다. 공자 자신이 말하기를, "군자에게는 세 가지 경계해야 할 것이 있는데, 젊을 때엔 혈기가 정해지지 않았으니 육체의 쾌락에 조심하고, 장성해서는 혈기가 왕성하므로 싸움에 빠지지 않도록 조심하고, 늙어서는 혈기가 쇠하였으니 경계할 것은 탐욕하는 것이다(君子有三戒 少之時 血氣未定 戒之在色 及其壯也 血氣方剛 戒之在鬪 及其老也 血氣旣衰 戒之在得)"라고 하였다. 이런 말들을 근거로 서양에서 본 성인 발달 과정 및 공자의 자아실현 단계들을 아래와 같이 세 단계로 묶어 보면서, 거기서 드러나는 의미들과 차이들이 우리 인격의 발달을 위해서 어떤 교육적 의미가 있는지를 살펴보고자 한다.

(1) 성인 초기의 '자기 확립' 단계

이 단계는 에릭슨에 의해서는 자아 정체감(self-identity)의 획득을 위해 고통하는 청소년기를 지나서, 나름대로 찾은 뜻(ideology)을 가지고 성인기로 들어서면서 시작되는 시기라고 하겠다. 레빈슨은 그것을 성인 초기의 단계로 보고 이제 막 성인 사회에 발을 디뎌서 거기서 자신의 자리를 찾기 위해 노력하는 단계로 그린다. 결혼과 직업의 선택 등 인생의 첫 번째 중요한 결정들이 이루어지고, 이것이 40세 무렵의 자기 자신이 되는 것(Becoming One's Own Wo/Man)의 단계에까지 이어지면서, 확고한 한 개인으로서 자신의 모습을 확립해 나가는 시기라고 하겠다.

공자는 15세에 학문에 뜻(志, ideology)을 두는 것을 시작으로, 30세에 그 뜻을 확고히 하고, 40세가 되어서는 더 이상 의심하지 않는 상태가 되었다고 말했는데, 그것은 이 시기(자기 확립)를 말한다고 하겠다. 이것은 한 가지의 의미를 세워(identity 또는 ideology) 거기에 몰두할 수 있게 되었다는 것이다(intimacy). 공자에게는 그 뜻이 결혼이나 직업 선택보다 자신의 인격적 완성을 향한 뜻으로 표현되어 도덕적이고 윤리적인 의미가 훨씬 더 강하다. 유교 전통의 자기 배움의 길에서 '입지(立志)'의 의미는 대단히 크다. 그것은 전혀 다른 차원에서의 새로운 시작을 의미한다. 왕양명도 공부에서 그 출발점을 가장 중시하였고, 조선의 율곡도 마찬가지이다. 서양 심리학자들과 교육학자들은 청소년기와 성인 초기의 아이덴티티의 형성에 대해 이야기하지만, 유교 전통에서의 입지(立志)는 그 의미가 훨씬 더 진지하다. 앞에서 본 대로 공자는 이 시기에 특히 조심해야 할 일로 육체의 쾌락에 빠지지 않는 일을 말했다. 이것은 자신 몸의 혈기와 정기를 낭비하지 않는 일로서, 이 시기의 가장 큰 공부는 자신의 몸의 절제

인 것이다. 플라톤이 그의 『국가론』에서 수호자를 위한 첫 번째 덕목으로서 절제를 이야기한 것을 떠올리게 한다.

(2) 성인 중기의 '자기 실험' 단계

이 중년기는 서구 발달심리학에서도 그렇고 공자의 이해에서도 왕성한 성인의 활동기로 파악된다. 그러나 이 단계가 무르익기 전에, 서구 심리학에서는 중년의 위기(The Midlife Crisis) 상황에 대해서 주목했는데, 이것은 유교 전통이나 공자의 이해에서는 뚜렷이 드러나지 않는 생소한 측면이다. 그 이유는 서양의 인간 발달 이해는 그 구체적인 실증 연구의 도움으로 훨씬 더 세밀하게 인간 삶의 과정을 탐색하기 때문이라고 생각한다. 그러나 앞에서 지적했듯이 공자가 50세에 천명을 말했다면, 그것은 그 전에 그가 겪었을 자신 삶에서의 목표나 방법에 대한 갈등 상황을 생각해 봄직하다. 40세에 불혹을 얘기했지만 그 이후의 삶 속에서 자신의 뜻이 다시 한번 단련을 받고 새롭게 세워졌을 수 있기 때문이다. 우리의 아이덴티티를 삶에서 계속되는 이야기 속에서 전개되는 것으로 보는 서양의 맥아담은 중년 초기에 자신의 "이마고(Imago: 시각적 자기표상)"를 "세련화" 시키고 "더욱 분명히" 하는 것에 대해 말한다. 오늘 유교적 전통 속에서 중년의 시작을 크게 의식하지 못하고, 그러한 사회적 여유와 이해의 여건을 갖고 있지 못한 한국 성인들에게 좋은 시사가 된다고 하겠다.

서양의 사상가들은 이 중년의 덕목으로 생산성(generativity)을 말한다. 그것은 이제 자기 존재의 한계를 서서히 인식하면서 자기 생을 넘어서 더 오래 지속될 것에 관심을 갖는 것이고, 그리하여 더 관용적이고 배려하는 모습으로 변해 가는 과정이다. 그러나 이것은 결코 생에서 수동적이 되는 것이 아니라, 자기 다음 세대를 위한 관심이나 자기 자신의 삶의 모습들을 좀 더 확실하게 간직해 줄 수 있는 것을 찾아서 힘을 쏟는 모습이다. 공자는 60세에 이순을 이야기했다. 이것은 자신의 아이덴티티와 뜻이 천명으로 더욱 분명해졌고 세련되었지만 이제 서서히 삶에서 초연함을 갖고 자신의 삶을 통합해 나가는 모습이다. 그렇게 되지 못할 때 사람들은 자기 침체에 빠지고, 노년기의 삶은 후회와 절망감이 지배한다. 공자는 이 시기에 경쟁의 싸움에 빠지는 것에 조심하라고 했다. 자신의 천명을 발견하지 못한 사람은 계속 다른 사람들을 시기하고 과도한 경쟁의식에 사로잡히게 되며, 자신의 아이덴티티를 통합하지 못한 모습을 보이기 때문이다. 그러나 자신의 길을 찾은 사람은 그 길을 실험하는 데 몰두하고 최선을 다하기 때문에 쉽게 경쟁심에 사로잡히지 않는다.

(3) 성인 후기의 '자기 완성' 단계

65세 전후의 노년기 삶에 대한 탐구는 서양의 발달심리학적 연구에서는 지금까지 그렇게 주목받지 못했다. 성인기 발달에 관한 연구의 역사가 그리 오래되지 않았기 때문이다. 일찍이 에릭슨은 노년기의 발달심리학적 이슈로서 자아 통합(Ego integrity)을 이야기했고 거기에 반하는 모습으로 절망(despair)을 말했다. 자아통합의 단계란 노년기에 이르러 자신이 지나온 삶을 한 발 뒤로 물러서서 되돌아보는 과정이다. 여기서 통합을 잘 이루어내는 사람들은 자신이 살아온 삶에 더 이상의 첨가나 수정을 바라지 않고 지나온 시간을 있는 그대로 감사히 받아들인다. 일정한 거리를 두고 자신의 이야기로부터 빠져나와 관조할 수 있는 이 단계는 그래서 '후(後)나르시즘(postnarcistic)'의 단계로 이해되고, 이러한 받아들이는 삶의 태도에서 노년의 "새로운 지혜(a new wisdom)"가 나온다고 밝힌다.

인간의 자아 실현의 도를 핵심 메시지로 가르치는 유교 전통이야말로 이 단계에 가장 중대한 의미를 부여하는 전통이라고 할 수 있다. 그것은 우리 인생의 목표가 되는 단계이며, 우리 배움의 지향점이 된다고 가르친다. 앞에서 살펴본 대로 공자는 70세에 도달한 자신을 "마음 내키는 대로 행해도 법도를 넘어서지 않는" 사람으로 그렸다. 그것은 곧 이 노년 시절에 가장 경계해야 할 악으로서 "탐욕"을 꿈은 공자가 우주의 도와 온전히 하나가 된 모습이고, 다시 자연스럽게 어린이의 천연과 무욕을 회복한 모습이다. 유교 전통에서 인생의 목표인 성인지도(聖人之道)의 표본이 되는 이러한 모습은 다른 표현으로는 만물일체(萬物一體)의 경지에 도달한 모습으로 그려질 수 있다. 그것은 우리의 인간성(仁, humanity)을 잘 갈고 닦아서 이 세상 만물을 한 형제와 자매로 보는 상태를 일컫는다. 같은 인간의 성장과 성숙을 말하면서도 서양 발달심리학이나 교육학에서는 듣기 어려운 이러한 이야기들은 유교의 종교적인 속성이 나타난 것으로 평가받기도 한다. 또한 이것은 인간성에 대한 참다운 이해는 오늘날에도 여전히 '종교적 문제'가 되며, 그리하여 종교적 차원이 제시해 주는 깊이를 통하여 인간의 참다운 속성이 드러난다는 것을 가르쳐 주는 의미라고 하겠다.

오늘날 서양의 발달심리학이나 교육학도 그동안 세속화의 길을 걸으면서 잃어버렸던 이와 같은 인간성 발달의 더 높은 차원에 대해 의식하기 시작했다. 그러면서 인간 삶과 교육의 목표(The goal)를 다시 들여다보기 시작했다. '지혜(wisdom)'에 대한 발달심리학적 관심이 그 한 예이다. 이제까지 일반적인 서구 심리학적 연구들은 노년의 삶을 주로 부정적인 측면에서 보았다. 즉 그 신체적인 쇠락과 함께 정신적인 기능에서도 저하가 이루어지는 단계로 보았다. 그러나 인간 지능의 더 높은 차원에 대한 관심과 더불어 노년기의 실천적이고 관계 지향적인 지능인 지혜에 주목하게 되면서 이상적인 노년기 성취로서의 지혜에 대해서 말하기 시작한 것이다. 주로 노년의 삶을 표본으로 하여 연구 조사된 결과에 의하면 지혜는 긍정적인 노년기 변화의 표시로 볼 수 있고, 그 지혜의 성취는 많은 노년의 사람들이 목표로 삼는 것을 볼 수 있다. 일반적인 '지능(intelligence)'과는 달리 "통합된 사고(integrated thought)", 또는 "문제 발견의 기술(the art of problem finding)" 등으로 이야기되기도 하는 지혜는 특히 인생의 후반기(55세 이후)에 얻어지는 능력으로 평가된다.

그것은 지금까지의 심리학의 주제였던 일반적인 지능이 하드웨어적(hardware-like)인 지능이었다면, 지혜는 소프트웨어적(soft-like)인 실천적 지능으로서 삶에서의 과정과 변화, 역동성 그리고 갈등에 대한 민감한 의식이 표현된 것이다. 그리하여 그것은 "노련한 전문가의 지식체계(an expert knowledge system)"로 정의되기도 한다. 이 지혜는 인생의 불확실성(uncertainty)에 대해 조언해 줄 수 있고, 인간 간의 관계를 다루는 문제에서 특히 뛰어나며, 함부로 마구하지 않는 겸양을 특징으로 하면서 일상의 삶에서 일상의 언어로 진리를 표현할 줄 아는 성숙함이다. 따라서 지혜는 노년의 늙음을 긍정적으로 평가할 수 있는 근거가 되며, 인간 의식의 진화가 나아갈 수 있는 목표와 방향을 제시해 주는 것으로 볼 수 있는 것이다.

이상과 같이 지금까지 동양적 가치 담론의 전유물처럼 여겨지던 지혜에 서구의 실증 심리학이 관심을 갖는 것이나, 인간 윤리 의식의 발달을 단순한 도덕 심리학의 문제로 보지 않고 거기에 내포되어 있는 좀 더 깊은 종교적 · 초월적 의미를 보는 것은 모두 인간 발달의 더 높은 차원과 그 발달의 목표에 관심을 표명하는 것이다. 일찍이 툴민(Toulmin, 1922-2009)은 인간의 도덕적 성장 문제는 도덕론 자체만의 문제가 아니라 존재론의 영역으로 넘어간다고 했다. 이것은 도덕성의 문제가 단순히 심리학적으로 이성적 차원에서만 그 근거를 찾을 수 있는 문제가 아니라는 사실을 인정하는 말이다. 이러한 입장에서 출발하여 파울러(J.Fowler)는 "믿음의 단계들(stages of faith)"에 대한 연구를 시도하였다. 여기서 말하는 '믿음(信)'은 한 사람이 자신의 삶에서 가장 중요하고 가장 의미 있게 여기는 궁극적인 가치 체계에 대한 지향을 나타내는 것으로 보았다. 그런데 이 믿음의 발달 단계와 도덕 발달은 밀접하게 관계되어 있고, 이 신앙적 차원에 대한 고려는 인간 도덕 발달의 문제를 좀 더 깊은 차원에서 이해할 수 있는 장을 열어준다고 강조한다.

앞에서도 지적했듯이 콜버그는 도덕 발달의 제7단계를 이야기하면서 인간 도덕성 발달의 더 높은 차원을 지시하였다. 이것은 "왜 우리가 도덕적이어야 하는가?"의 물음은 단순히 도덕적 인지의 차원에서 해결할 수 없고, 오히려 한 인간의 초월적 또는 신비적 경험이 그의 도덕적 지평을 확연하게 확장한다는 사실을 가르쳐 주는 것이라고 한다. 이러한 입장의 콜버그에 따르면, 한 인간이 도달할 수 있는 가장 높은 수준의 도덕적 성숙 단계란 자신의 도덕적 행위 기준을 "우주의 기본 법칙을 반영하는 것(reflecting basic patterns of th cosmos)"으로 보는 사람이며, 곧 자신의 도덕적 실천들을 "자연법의 표현들(expressions of natural law)"로 이해하는 사람들이다. 파울러가 예로 들었던 마틴 루터 킹, 마하트마 간디, 마더 테레사, 아브라함 링컨 등의 삶이 바로 그러한 최고의 7단계에 도달한 경우라고 하는데, 이것은 성인기에서의 인간 발달의 가능성에 대하여 더 깊은 차원에서 근거를 마련해 주는 형이상학적 기반이 된다고 밝힌다. 이상과 같은 인간 성숙의 최고 이상으로서의 자연법과 일치된 삶이 공자의 70세 고백에서 잘 표현되었다고 하겠다.

6. 동서양 성인기 발달 과정 비교로부터 얻는 것

(1) 교육 영역의 시공적 확장

이제까지 교육을 말하고 인간의 성장과 발달을 말할 때는 그 대상이 대부분 성인기 이전의 삶이었다. 그러나 여기서의 탐색을 통하여 인간의 성장과 발달이 결코 성인기 이전에 끝나는 것이 아니라 그 이후의 삶의 과정에서도 계속된다는 것을 보았다. 그러므로 우리 인간 삶에서의 교육은 이제 더욱더 확장된 범위 속에서 이해되어야 한다는 것인데, 시간적으로는 일생 동안 지속되는 일로, 그리고 공간적으로는 인간 삶의 모든 영역이 교육적 관점에서 재구성되는 일을 말한다. 레빈슨 등이 지적한 대로 인간의 성장과 발달을 말할 때 단순히 그의 성격이나 품성만을 말하는 것이 아니라, 거기서 더 나아가서 우리 삶의 전체 구조를 염두에 두는데, 그럴 때 교육은 바로 우리 삶의 전 부분과 관계하는 매우 포괄적인 작업이 된다는 것이다.

오늘날 인간의 평균 수명이 점점 더 길어지고, 그것과 더불어 삶의 질을 고려하는 비중이 커지면서 평생교육이나 사회교육, 또는 성인교육의 개념이 널리 확산되었다. 오늘의 상황 변화는 교육의 새로운 장들이 더욱 확산되어야 하는 것을 가리키고, 그러나 그것이 단순한 기능교육이나 어떤 특정 계층이 누리는 부가적인 혜택으로서가 아니라 모두의 삶의 과정이 '계속적인 성장과 성숙'의 차원에서 배려되고 고려되어야 한다는 의미에서이다. 즉 우리의 정치, 경제, 문화를 포함하여 삶의 모든 과정이 교육적 관점으로 재인식되어야 함을 말한다. 이러한 인식의 전환을 통해 우리의 직업 세계, 실업 문제, 중년 이후의 삶의 모습들을 많이 변화시킬 수 있고, 이러한 지속적인 성장을 가능하게 해 주는 사회적 분위기의 확산은 앞으로 우리 공동체 삶에서 점점 더 요청된다. 대학 교육도 이러한 변화에 입각하여 특정한 직업교육이나 기능교육에 주력하기보다는 삶에서의 지속적인 변화와 성장을 가능하게 해 주는 기초적인 능력 배양을 더욱 중시해야 한다는 것도 생각해 볼 수 있다.

(2) 인간교육에서의 윤리적 목표에 대한 의식

성인기 이후의 인간 삶의 변화와 과정에 대한 비교연구는 그동안 교육 활동에서 잊혀졌거나 희석되었던 목표에 대한 의식을 다시 뚜렷하게 해 준다. 지금까지 현대 교육은 방법론에 대한 과도한 집중으로 그 교육이 지향해야 하는 목표나 나아갈 길에 대한 의식을 소홀히 하였다. 그러나 앞에서 성찰한 내용은 인간 삶이 어떠한 모습으로 변화해 가며 무엇을 지향하는가를 지적해 줌으로써 교육에서도 그 지향점을 다시 회복하도록 촉구한다. 특히 유교적 자아실현의 길은 인생의 윤리적 성취의 가능성과 그 궁극적인 의미를 드러내 주고, 그렇게 함으로써 우리 삶과 교육이 다시 방향성을 회복하도록 요청한다. 지금까지 서양 심리학이나 그것과 크게 다르지 않은 의식 반경 속에서 행해지던 현대 교육은 가치의 물음을 진지하게 묻지 않았다. 그리하여 그 현대 교육이 가장 주력하는 지적 교육은 도구적 이성만을 키워 내는 교육으로 일관하였고, 거기서 우리 삶은 맛을 잃고, 의미를 잃게 되었다. 이것과는 다르게 진행되는 모범적인 삶의 모습과 그 고양된 모습은 사람들로 하여금 다시 인생의 참 목표를 생각하게 해 주고, 그리하여 교육도 그러한 삶의 완성을 가능하게 하는 과정이 되도록, 다시 그 목표에 대한 진지한 물음을 요청하는 것이라고 하겠다. 이것은 단지 한 개인의 차원에만 해당되는 이야기가 아니라 우리의 전(全) 문화와 인류문명이 앞으로 나아갈 방향과 관련해서도 더욱 요청되는 문제라 하겠다.

(3) 동아시아 오래된 미래의 재발견

앞에서 인간의 성장과 발달에 관한 가장 세밀한 이야기라고 할 수 있는 서양 발달심리학의 이야기를 하나의 포괄적인 교육 담론으로 보면서 동아시아의 유교 전통에서의 이야기와 비교해 보았다. 그렇게 함으로써 유교 전통의 이야기가 다름 아닌 지극한 교육의 이야기가 되며, 거기서 다시 새롭게 배울 점이 많다는 사실을 발견하게 되었다. 그동안 유교의 가르침을 주로 정치 체제 이론이나 경직된 사회 체제 이론으로만 이해하며 그것의 왜곡된 적용들을 많이 보아 오면서 비판에 몰두해 왔다. 그 전통 본래의 다차원적 의미를 잘 알아보지 못한 것이다. 그러나 유교의 가르침이 역사상에서 그렇게 왜곡된 것도 그 가르침의 핵심인 자기수양(Self-Cultivation)의 가르침이 진지하게 받아들여지지 않았기 때문이고 보면, 유교의 교육적, 종교적 가치는 오늘날 얼마든지 새롭게 평가할 수 있겠다. 더군다나 오늘 여러 심화된 역사 연구들 덕분에 과거 유교 교육과 그 실천의 여러 실제 모습들이 밝혀지면서 거기서의 선비들의 구도적 배움의 자세가 좀 더 분명히 드러나고 있다. 거기서의 교육 방법은 삶과 배움이 하나되는 것을 지향했고, 지식 교육과 실천 교육, 개인의 수양과 사회적 책임, 윤리와 초월적 가치 등이 통전적으로 하나가 되는 방법론을 추구하면서 전인적 삶의 완성을 목표로 한 것이었다. 오늘 현대 교육에서 그 교육방법론으로부터 풍성히 배울 수 있다.

유교의 핵심 가르침은 '인간은 누구나 다 배움(學)을 통해서 성인 (聖人)이 될 수 있다'는 것이고, 공자의 삶은 그 가르침을 실천으로 증명해 내려는 것이었다. 유교 전통은 그 역사적 전개에서 구체적인 수양의 방법론도 많이 계발해 내었고, 그중에 많은 것은 교육적이고 치유적인 가치들로 인정되어 오늘날 임상심리학적 치료 방법으로도 사용되고 있다. 끊임없는 '자기교육(Self-Cultivation)'의 노력을 통하여 존재와 삶의 의미에 도달하는 것을 가르치는 유교 교육은 어떠한 서양 교육이론들 못지않게 교육의 전인적이고 통합적인 성격을 진지하게 가르쳐 준다. 그리하여 한국 교육이 찾고 있는 대안교육을 위한 탐색에서도 의미 있는 가르침을 줄 수 있다. 유교적 자아완성의 교육은 단순한 지(知)와 덕(德)과 체(體)의 합일의 교육이 아니라 우리 존재의 초월적 깊이에 대한 깊은 영성적 관심을 일깨운다(性 또는

理). 이것을 위해 삶의 모든 시간과 활동들이 우리 삶의 성장과 성숙, 배움과 교육의 시간으로 여겨져야 한다고 가르치기 때문에, 이러한 유교적 가르침은 앞으로 인류의 교육 사회, 문화 사회, 복지 사회 형성을 위해서 의미가 크다고 하겠다.

마무리하며 강조하고 싶은 것은 지금까지 서술한 인간 삶의 발달 과정에 관한 연구에서 21세기 오늘날 특히 제기되는 젠더(性) 구별의 의식과 관련해서이다. 오늘날 학문 세계에서 이 구별의식은 하나의 보편적인 인식 범주가 되었다. 그러나 지금까지 여기서의 비교연구에서는 그것이 뚜렷하게 고려되지 않았기 때문에 한계가 있다. 앞에서 들었던 지금까지 대부분의 서양 발달심리학은 그 연구 대상을 주로 남성으로 삼았고, 유교 전통에서도 가르침의 대상이 철저히 남성이었기 때문에 이것을 재료로 삼아서 전개시킨 이 이야기는 어쩌면 편협하게 들릴 수 있다.

그러나 오늘날의 성 구별 의식을 받아들이고, 그 구별에서 오는 섬세한 차이에 대한 배려가 더 있어야 한다는 것을 강조하면서도 이번 비교 작업은 그 차이에 대한 인식을 넘어서 그 둘 사이에 좀 더 근원적인 보편성과 공통점이 있다는 신념에서 행해진 것임을 밝힌다. 남성의 사계절을 먼저 탐구한 레빈슨은 그 후 다시 여성들을 대상으로 한 삶의 구조 연구에서 그가 남성의 연구에서 발견한 기본 틀을 여성에게서도 그대로 볼 수 있었다고 밝혔다. 이 발견에 수긍하면서 한편 유교적 전통을 받아들이는데도 그 유교 전통의 이야기를 더 이상 남성에게만 해당되는 이야기로 여기지 않았다는 것을 밝힌다. 즉 예전에 공자를 포함하여 대부분의 유교 사상가들이 자신들의 이야기를 남성만의 이야기로 본 것은 그들이 갖고 있는 어쩔 수 없는 시대적인 한계이고 제약이라고 보는 것이다. 그것은 오늘날 우리도 우리 나름의 시대적인 한계를 안고 있는 것과 마찬가지라고 하겠다. 하지만 오늘날은 그 후의 제반 과학이나 인식의 발달로 성(性)과 젠더의 차이도 포함하여 예전 사람들이 본질적이고 실체론적인 차이라고 생각했던 것이 더 이상 그렇게 본질적인 차이가 아닌 것으로 판명 났다고 보는 입장이다. 그런 이해에서 이제 공자의 이야기가 더이상 남성에게만 해당되는 이야기가 아니라 여성에게도 똑같이 적용되고 해당될 수 있는 것으로 본다는 의미이다. 즉 인간 모두에게 보편적으로 행해진 이야기로 받아들이자는 것이고, 그리하여 여성들을 포함한 모두는 거기서 제시된 삶의 지극한 완성을 향하여 나아가도록 부름을 받았음을 말하고자 한다.

참고문헌

成百曉 역주(1990), 『論語集註』, 전통문화연구회.

김태준(1998), 『홍대용』, 위대한 한국인 5, 한길사.

임능빈 편집(1995), 『동양사상과 심리학』, 서울: 성화사.

한덕웅(1994), 『퇴계 심리학-성격 및 사회 심리학적 접근』, 서울: 성균관대학교 출판부.

대니얼 레빈슨(1996), 김애순 옮김, 『남자가 겪는 인생의 사계절』, 이화여자대학교 출판부.

피에르 도딘(1998), 『공자』, 김경애 옮김, 한길 로로로.

H.G.크릴(1997), 이성규 엮, 『공자-인간과 신화』, 지식산업사.

E.H. Erikson(1982), The Life Cycle completed: A Review, NY: W.W. Norton.

David L. Hall and Roger T. Ames(1987), Thinking Through Confucius, State University of New York Press.

Philp J. Ivanhoe(1990), Ethics in the Confucian Tradition, Scholars Press Atlanta, Georgia.

Robert Kegan(1982), The Evolving Self, Harvard University Press.

John Kotre(1996), Outliving the Self, W.W. Norton & Company, New York/London.

Hans Kueng and Julia Ching(1989), Christentum und Chinesische Religion, Muenchen/ Zuerich Pieper.

Daniel J. Levinson(1996), The Seasons of a Woman's Life, Alfred A. Knopf New York.

Dan P. McAdams(1993), The Stories We Live by-Personal Myths and the Making of the Self, William Morrow and company NY.

Robert J. Sternberg(1990) (Ed.), Wisdom-Its Nature, Origins, and Development, Cambridge University Press.

Rodney L. Taylor(1990), The Religious Dimensions of Confucianism, State University of New York Press.

Tu Wei-ming(1991), Confucian Thought-Selfhood as creative Transformation, State University of New York Press.

Tu Wei-ming(1979), Humanity and Self-Cultivation-Essays in Confucian Thought, Asian Humanities Press Berkeley.

Wang Yang-ming, Instructions for practical Living and other Neo-confucian Writings by Wang yang-ming, Trans. by Wing-tsit Chan, Columbia University Press New York.

사유하는 집사람의 논어 읽기

등록 1994.7.1 제1-1071
1쇄 발행 2020년 6월 25일

지은이 이은선
펴낸이 박길수
편집장 소경희
편 집 조영준
관 리 위현정
디자인 이주향
펴낸곳 도서출판 모시는사람들
         03147 서울시 종로구 삼일대로 457(경운동 88번지) 수운회관 1207호
전 화 02-735-7173, 02-737-7173 / 팩스 02-730-7173
홈페이지 http://www.mosinsaram.com/

인 쇄 (주)성광인쇄(031-942-4814)
배 본 문화유통북스(031-937-6100)

값은 뒤표지에 있습니다.
ISBN 979-11-88765-85-0   03100

이 도서의 국립중앙도서관 출판예정도서목록(CIP)은 서지정보유통지원시스템
홈페이지(http://seoji.nl.go.kr)와 국가자료공동목록시스템(http://www.nl.go.kr/
kolisnet)에서 이용하실 수 있습니다.(CIP제어번호:CIP2020021566)